AI 로봇 공학의 철학적 뿌리

AI문고

인공지능 시대입니다. 기계가 인간의 인지를 대신하고, 사물이 인간을 통하지 않고 다른 사물과 직접 커뮤니케이션합니다. 이에 따른 인간 삶과 문명 변화를 정확히 이해·예측·대응하는 것은 이 시대 우리 모두의 과제입니다. AI문고는 인공지능 기술과 환경의 여러 주제를 10가지 키워드로 정리합니다. 관련 개념과 이론, 학계와 산업계의 쟁점, 우리 일상의 변화를 다룹니다. 인간과 기술의 현재, 미래를 세심히 분석합니다.

일러두기

- 인명, 작품명, 저서명, 개념어 등은 한글과 함께 괄호 안에 해당 국가의 원어를 병기했습니다.
- 외래어 표기는 현행 어문규정의 외래어표기법을 따랐습니다.

처음이세요?

전문가세요?

지금, 큐알 찍으면

- 🎁 AI 입문서 바로 선물
- 📚 당신만의 필독서 추천
- 📖 500권 요약본 공짜
- 🎧 오디오북 무료 사용

AI 로봇 공학의 철학적 뿌리

박우석

ㅋ

대한민국, 서울, 커뮤니케이션북스, 2025

AI 로봇 공학의 철학적 뿌리

지은이 박우석
펴낸이 박영률

초판 1쇄 펴낸날 2025년 11월 7일

커뮤니케이션북스(주)
출판 등록 2007년 8월 17일 제313-2007-000166호
02880 서울시 성북구 성북로 5-11
전화(02) 7474 001, 팩스(02) 736 5047
commbooks@commbooks.com
www.commbooks.com

ISBN 979-11-430-1208-1 03500

책값은 뒤표지에 표시되어 있습니다.

차례

휴머노이드 로봇, 세 AI, 그리고 인간

AI(Artificial Intelligence, 인공지능)를 이해하지 않고서는 인간을 알 수 없는 시대가 들이닥쳤다. 그러나 인공지능을 꿈꾸지 못했던 옛적부터 인간은 이미 다른 AI들, 즉 동물 지능(Animal Intelligence)과 천사 지능(Angelic Intelligence)과의 비교를 통해 자신을 이해하는 일에 익숙했다. 선배 AI들과 차별화되는 인공지능의 특징에 주목하는 일은 존재론, 인식론, 심리철학 등 철학의 여러 분과에 대한 기본적 이해뿐만 아니라 철학과 과학의 역사를 조감할 것을 요구한다.

로봇의 꿈

로봇 공학의 발전이 눈부시다. SF 소설과 영화에 나오던 꿈이 하나하나 이미 현실이 되어 가고 있다. 노령화 시대에 발맞춰 바둑 두는 로봇이 나오기를 꿈꾸었었는데 이제는 동네 평생교육센터만 가도 알파고 빰치는 로봇 사범님께 한 수 지도받을 수 있다. 드론 새떼의 가공할 공습 영상을 보면, 로봇 공학을 선노하는 MIT 컴퓨터과학과 인공지능 연구소(Computer Science and Artificial Intelligence Laboratory, CSAIL) 소장인 다니엘라 루스(Daniela Rus)가 꿈꾸었다는 하늘을 나는 로봇 다이달로스의 꿈도 이미 실현 단계로 들어간 것으로 보인다. 자율주행차, 부드럽고 효율적인 연질 로봇, 진짜 물고기처럼 헤엄치는 로봇, 비타민처럼 삼킬 수 있고 소화되는 외과의사 로봇, 성장하는 꽃 로봇, 로봇 세포 같은 재구성 가능 로봇 등등 루스는 계속 미키 마우스의 마법사의 제자와 빗자루 꿈을 꾸겠지만, 이 모두가 인간의 상상력 고갈을 증명해 줄 뿐일지도 모른다(Rus & Mone, 2025). 챗GPT에게 로봇이 나오는 역대급 악몽 베스트 100 목록을 요구하면 몇 초 만에 더 환상적인 로봇 개발의 아이디어를 얻을지도 모르기 때문이다.

휴머노이드 로봇에 관한 철학적 성찰

철학 또한 시대의 산물이고 현실에 뿌리를 두고서 동시대 사람들이 직면한 절실한 문제들과 씨름해야 마땅하다면, AI 로봇 공학의 철학은 어쩌면 오늘날 제1철학의 지위를 차지할 운명인지도 모른다. 데카르트가 《성찰》 첫머리에 쓴 "파리대학교 신학부 교수들에게 보낸 공개서한"에서 신과 영혼이 신학이 아니라 철학에서 다뤄야

할 문제라고 선언했듯이, 21세기의 철학자는 인공지능과 로봇 공학 연구자들에게 그들이 해결해야 할 궁극적인 문제들이 모두 장구한 역사를 지닌 철학적 문제들이라는 사실을 상기시킬 의무가 있다. 종래 철학자들이 철학의 핵심 분야로 간주해 온 형이상학, 인식론, 윤리학도 아니고 일개 과학이나 공학에 불과한 AI 로봇 공학의 철학이 철학의 정수라는 주장이나, 첨단 과학과 공학의 문제들을 철학의 도움을 받지 않고서는 제대로 다룰 수 없다는 주장은 일견 뚱딴지같아 보인다. 설사 로봇 공학자들이 그들의 치열한 수학적, 과학적, 공학적 탐구에 강력한 동기를 부여해 주는 그들의 내밀한 철학적 마음을 고백한다고 하더라도 차가운 의심의 눈길을 피할 수는 없다. 로봇 공학자의 철학 탐닉은 불가피하게 로봇 공학을 SF 소설에 머물게 하거나 사이비 과학으로 타락시키지 않겠는가? 태생적으로 미래학이자 융합학문의 성격을 지니는 로봇 공학의 철학적 측면을 부각시키는 일은 확실히 시대착오적이지 않을까?

세 AI

앞서 서술했듯 옛적부터 인간에게는 인공지능(Artificial Intelligence) 말고도 동물 지능(Animal Intelligence)과 천사 지능(Angelic Intelligence)이라는 AI가 있었다. 그러나 지능이란 과연 무엇인가? 이 세 AI들이 모두 지능이라는 점에서 비교의 대상이 된다고 할 때 선배 AI들과 차별화되는 인공지능의 특징에 주목하는 일은 끝없이 진화해 온 우리 인간의 자화상이 인공지능 휴머노이드 로봇에 어떻게 체화되는지를 생생하게 보여 줄 것이다.

동물 지능

인류의 기원을 추적해 언제, 어디, 누구에게까지 소급할 수 있는지 모르지만, 한 가지 분명한 것은 이미 그때 상당수의 동물들이 존재했으리라는 사실이다. 어떤 천지개벽과 기후 변화가 있었는지 모르지만 니컬러스 손더스(Nicholas J. Saunders)에 따르면 우리 조상은 약 5천만 년 전쯤 숲이 감소하면서 광야로 나갔고 사냥하는 법을 터득해야 하면서 다른 동물들과 관계를 맺기 시작했다(Saunders, 2002, p.8). 놀라운 사실은, 그가 아무런 설명 없이 약 2만 년 전 크로마뇽인이 남긴 동굴벽화가 "인간과 동물의 관계를 가늠할 수 있는 최초의 증거 중 하나"라고 보고한다는 점이다(같은 책, p.10). 훌쩍 뛰어 고대 그리스 시대 이후로 넘어가면 "동물에게도 지능과 감각이 있는지, 다시 말해 동물도 인간과 동일한 기준에서 법적 · 도덕적 권리를 부여받을 만한 존재인지 아닌지에 대한 질문"이 심각한 논쟁거리가 되었다고 한다(같은 책, p.22).

동물에 관한 과학적 연구는 또 오랜 세월의 기다림을 필요로 했다. 이솝 우화나 중세 동물우화집들에 등장하는 동물들에 관한 이야기로부터 동물학의 과학적 지식을 기대하기는 어렵다. 아리스토텔레스의 동물학 저술들, 로마 시대 플리니우스의 박물지, 13세기 중세철학자 알베르투스 마그누스의 동물학 연구 등 괄목할 만한 예외를 제외한다면 린네 이전에는 변변한 동물 분류학조차 갖춰지지 못했다. 아리스토텔레스의 《데 아니마(De anima)》에서 시작되는 영혼론 전통이 인간만이 아니라 동물과 식물에게도 영혼을 부여했지만, 영혼의 과학이나 비교심리학이라 부르기에 부족함이 없는 업적은 19세기나 되어야 싹트기 시작했다(Vidal, 2011).

다윈의 《종의 기원》이 불러일으킨 충격은 전 분야에 걸친 것이었고, 인공지능과 로봇 공학도 예외가 아니다. 그러나 바로 그 이유로 인해 역설적으로 19세기 말 동물의 지능과 언어에 관한 연구에 다윈이 어떤 직접적 영향을 미쳤는지에 관해서는 별로 알려진 바가 없는 것 같다. 지난 100년 동안 우리가 동물들에 관해 축적한 과학적 지식의 규모는 상상을 초월할 것이 틀림없지만, 과연 그 업데이트된 지식이 널리 알려져서 동물에 관한 우리의 일상적 대화의 수준을 제고하는 데까지 이르렀는지는 장담할 수 없다(Radick, 2007). 예를 들어, 언어의 기능과 관련하여 카를 포퍼(Karl Popper)가 동물의 언어에는 표현 기능과 신호 기능이 있을 뿐이고 인간의 언어처럼 기술(descriptive) 기능과 논증(argumentative) 기능은 없다고 주장한 바는 대단히 시사적이지만 그의 주장과 논증이 업데이트된 동물에 관한 지식에 근거했는지는 다소 의심스럽다(Popper, 1977, p.57).

천사 지능: 중세 천사론의 위대한 사고실험

현실의 절실한 문제가 아니라 억지로 만든 가공의 사변적 문제를 잘게 쪼개 논리적으로 분석하는 데 몰두한 중세철학의 불모성을 조롱하기 위해 종래 사용되어 온 단골 메뉴는 “바늘 끝 위에서 천사가 몇이나 춤출 수 있는가?”를 캐묻는 것이었다. 그러나 역설적으로 이 악의적 조롱의 기원을 따지는 일은 중세철학에 관한 진지하고 심원한 탐구에서 매우 생산적인 프로젝트다. 그 물음에서 출발해서 최소한 중세의 무한 개념, 시간과 공간 개념을 천착할 수 있고, 이는 결코 중세인을 희화화하여 조롱하고 끝낼 사소한 일이 아니기 때문이다.

천사 박사라는 별명이 부끄럽지 않을 만큼 성 토마스 아퀴나스(Thomas Aquinas)는 천사론에 관해 다수의 논저를 남겼고, 질송(Etienne Gilson)은 천사론을 아퀴나스의 사상 전체를 이해하기 위한 전략적 요충으로 파악했다. 우선 천사는 고대 그리스와 중세 이슬람 우주론과 천문학의 전통에서 구중천으로 표상되는 동심원적 천구(天球)들의 동자(動者)로 이해되었다. 순수한 영(靈, spirit)으로서 천사는 신과 피조물 사이의 넘을 수 없는 간극을 가정하는 중세 기독교적 관점에서 피조물의 정점에 해당한다는 점에서 독특한 존재론적 지위를 갖는다. 성서에 나오는 천사와 악마에 관한 풍부한 이야기를 바탕으로 신과 천사, 그리고 인간의 차이를 궁구하는 일은 지극히 자연스러웠다고 할 수 있다(Gilson, 1924, pp.167~170). 천사론이 우주론, 존재론, 그리고 철학적 인간학이라는 다양한 맥락에서 중요한 기능과 역할을 감당했다는 점은 보나벤투라, 아퀴나스, 스코투스, 오컴 등 대표적인 중세철학자들이 모두 천사론을 진지하게 논의한 까닭을 이해하기에 충분하다. 그러나 최근 도미니크 페를러(Dominik Perler)는 이에 덧붙여 천사들에 관한 사고실험이 지닌 방법론적 기능을 천사론이 중세

철학자들에게 중요했던 또 하나의 중요한 이유로 제시했다(Perler, 2008, p.143).

인공지능: 인공지능의 특성

인공지능은 동물 지능, 인간 지능, 천사 지능과 비교할 때 터무니없이 어리다. 지능이라는 면에서 동물, 인간, 그리고 천사를 비교한 지는 얼마 되지 않았을 수도 있지만, 그것들의 존재 여부와 그것들이 지니는 속성들에 관한 사변은 아마도 장구한 역사를 자랑할 것이다. 그런 점에서 지난 한 세기 동안의 AI 로봇의 역사를 간추려 조감하는 일은 비교적 쉬운 일이어야 마땅하다. 그러나 막상 해 보려 하면 그 일 또한 만만치 않다는 데 놀라게 된다. 당장 AI 로봇의 역사가 AI의 역사와 로봇의 역사의 교집합인지 합집합인지부터 잘 모르겠다. AI의 역사를 쓰든지 로봇의 역사를 쓰든지 존 매카시, 마빈 민스키 등등 등장하는 인물들은 똑같다는 생각에서 어떻게 이해하든 대동소이하리라고 여겨질 수도 있다. 그러나 알파고가 빠진 AI 역사는 어불성설이 분명하지만, 알파고를 무시하고도 로봇의 역사를 훌륭하게 서술하는 일은 최소한 원리상 가능하지 않을까? AI 로봇의 역사에서 알파고의 위치는 어쩌면 그다지 중요하지 않을지도 모른다. 교집합과 합집합에 관해 생각하는 일이 무의미하지 않다면 혹시 여집합 부분에도 필수적으로 논의해야 할 내용이 남아 있지 않을까?

탐구와 논술의 원칙

철학의 문제들에는 정답이 없다고들 한다. 그럴지도 모른다. 그러나 허영심에 가득 차 한가하고도 무책임하게 철학을 빙자한 지적 유희에 탐닉하려는 생각은 추호도 없다. "현장에서 연구하는 인공지능이 무엇인지를 현장의 언어로 살피려" 했던 김재인처럼 나도 설사 완벽한 실패를 자인하며 좌절하게 되더라도 지금 여기 우리가 서 있는 지점에서 마주치는 절실한 문제들로부터 출발해서 그것들의 진정한 해결을 위해 무엇이 요구되는지를 파헤쳐 보고 싶다(김재인, 2017, p.15). 그러나 평생 AI 로봇을 만들어 온 사람이 아닌 이상 AI 로봇 공학의 현재 상황을 정확하게 파악하고 기술하는 것은 불가능하다. 더구나 하루가 다르게 놀랍게 발전하고 있는 첨단 과학기술 분야 중에서도 AI 로봇 공학은 극단적인 사례일 것이다. 따라서 어쩌면 우리는 이 책의 결론 부분에 도달했을 때라도 진짜 문제를 명료하게 제시할 수 있다면 크게 기뻐해야 할지도 모른다.

따라서 철저하게 현실적인 타협책이 될 이 책의 목표가 어렴풋이 자태를 드러내기 시작한다. 이 책에서 나는 AI 로봇 공학자들의 자전적 보고로부터 출발해서 그들이 고민하는 바가 제시하는 철학적 문제들을 포착하고, 그 문제들이 철학과 과학의 역사를 통해 어떤 맥락에서 논의되었는지를 추적한 다음 거기서 배운 바를 반영해 문제들을 새롭게 정식화하려 한다. 철학자의 마음을 지닌 로봇 공학자들이 이 책을 읽고 나서 더 환상적인 로봇들을 멋지게 만들어 준다면 더 말할 나위 없이 기쁘겠지만, 일반 독자들이 그들 자신의 철학자 DNA를 확인하고 본업으로 복귀하도록 돕는 일이 어쩌면 조금 더 중요할지도 모르겠다. 이런 지극히 평범한 이 책의 목표를 성취하기 위해서 특별한 천재의 기교가 요구되지는 않을 것이다. 그렇다고 누구라도 반드시 따라 걸어야 할 왕도가 있다고도 믿지 않는다. 따라서 이 책 전체를 통해 인간, 천사, 동물, 인공지능, AI 로봇을 여러 가지 측면에서 비교하는 방법을 취하는 까닭은 생존을 위해 남은 최후의 총탄까지 다 소진하는 병사의 심정에서 유추할 수 있을 것이다. 엉터리 철학도가 구름 잡기를 방불케 하는 막연한 목표를 작전이랄 수도 없는 방법으로 해치우려는 마당에 그나마 놓치지 말아야 할 지도라고 할 만한 것은 결국 오매불망 해결을 꿈꾸는 문제일 수밖에 없다. 모든 로봇 공학자들이 외면할 수 없는 철학적 문제로 표상(表象, representation)과 오표상(誤表象, misrepresentation) 문제를 지목하려 한다.

아이템 선정 이유

주어진 탐구와 논술의 원칙에 따라 선정한 열 가지 아이템들을 간략하게 살펴보도록 하자. 우선 1장에서는 21세기가 시작될 즈음 로드니 브룩스(Rodney Brooks) 등 널리 알려진 로봇 공학자들이 어떤 문제의식을 가지고 세상을 바꾸고 역사의 흐름을 결정할 AI 로봇 만들기에 부심했는지를 알아보고자 한다. AI 로봇이 존재하지 않는다면 AI 로봇 공학도 AI 로봇 공학의 철학도 존재하지 않을 테니까 이 일은 부지런히 업데이트하며 AI 로봇 공학의 최전선의 현황을 파악하는 일 못지않게 중요하다.

2장에서는 이 책 전체를 관통하는 표상과 오표상 문제를 AI 로봇 공학에 문외한인 한 무지한 철학도의 눈높이에서 논의에 끌어들이려 한다. 인지과학, 심리철학, 과학철학, 미학 등 여러 맥락에서 치열하게 논의되어 온 이 문제가 왜 AI 로봇 공학에서도 핵심 문제가 될 수밖에 없는지를 성공적으로 보인다면 후속 논의에서 이 문제가 후렴구처럼 다시 등장하는 이유를 굳이 설명하지 않아도 무방할 것이다.

개인차가 심하지만 최소한 철학사를 참조하지 않는 철학을 상상하기 힘든 나로서는 AI 로봇 공학의 뿌리를 철학사로부터 탐색하는 3~5장이나 현대철학의 살아 숨쉬고 있는 문제들과 연결 짓는 6~10장이나 다 마찬가지로 소중하다. 실제로 역사적 접근법과 문제 중심 접근법은 상호 보완적인 까닭에 수시로 과거, 현재, 미래를 넘나들면서 현재의 눈으로 재해석한 과거가 미래를 구해주기를 염원하는 마음이다.

3장에서는 중세철학자들이 인간이 아닌 동물들이 말 못하는 미물임에도 불구하고 때때로 보여 주는 놀라운 능력들로부터 영감을 받아 어떤 괄목할 만한 철학적 논의를 펼쳤는지 살펴보려 한다. 특히 내적 감각 중 하나로 인간의 지적 능력에 근접한 동물의 평가력(estimative power)이 논의의 초점을 이룬다. 오늘날의 본능 개념으로 맥이 이어질 그 논의는 동물들의 놀라운 능력에서 비롯되었다는 점에서는 비슷할지 모르지만 앵무새 알렉스나 영리한 말 한스 등 특출난 개체에 쏟아진 현대의 간헐적 관심보다 훨씬 더 추상적이고 일반화된 이론적 관심사로 승화된 면이 있다.

4장에서는 후기 중세철학에서 천사의 언어로서 제안된 심적(mental) 언어 또는 사고 언어(language of thought)의 개념을 화두로 삼으려 한다. 20세기 후반 제리 포더(Jerry Fodor)의 사고 언어 가설에 의해 재발견되었다고 할 수 있을 이 개념은 오늘날까지도 인지과학과 심리철학에서 핵심적 쟁점 중 하나로서 광범한 영향력을 행사하고 있다. 이에 고무되어 중세의 의미론, 심리학, 천사론 등이 재조명되고 있고, 현대철학에서도 동물에서의 사고 언어 가설로 외연이 확장되면서 갈수록 중요성이 커지고 있다.

5장에서는 데카르트와 그의 추종자들을 통해 촉발되어 철학사와 과학사에서 중대한 분수령의 역할을 한 짐승-기계 논쟁을 조감해 보려 한다. 17세기 과학혁명의 개척자 중 하나인 데카르트가 이 관점을 통해 심리학과 인지과학 일반의 지형도 자체를 변모시켰다는 점은 기계로서 짐승은 고통을 느끼지 않는다는 생각을 유포해 생체실험이 널리 시행되는 데 일조했다는 점만 상기해도 쉽게 납득할 수 있다. 이 논쟁을 통한 기계에 관한 성찰이 오늘날 로봇 공학 발전의 확실한 원류라는 데는 물론 이론의 여지가 없을 것이다.

6장에서는 AI 로봇 만들기의 첫 단계에서 직면할 수밖에 없는 아키텍처 문제가 논리학과 존재론의 첫 부분인 범주론의 문제이고 현대 컴퓨터과학의 지식 표상(knowledge representation)의 형식 존재론이 그에 대응된다는 데 주목한다. 다시 말해, 컴퓨터과학자들은 불필요하게 시행착오를 되풀이할 필요 없이 수천 년 동안 철학에서 가다듬어져 온 개념과 이론들을 비판적으로 검토하기만 하면 될지도 모른다. AI 로봇들이 자율적 기계학습을 통해 칸트식의 선험적 연역에 의해서가 아니라 경험적으로 범주들을 발견할 가능성 등 신나는 탐구 주제들이 널려 있다.

7장에서는 트랜스휴머니즘, 신인류, 로봇종 등 AI 로봇이 등장하지 않았더라면 나오지 않았을 개념들이 지니는 철학적 함축을 파헤치는 일의 절실한 필요성을 논의할 것이다. 어느 순간 갑자기 더불어 살게 되면서 필연적으로 이루어질 로봇과 인간의 상호작용에서 제기되는 존재론과 윤리학의 여러 문제들을 살펴보려 한다. 이미 법정에서 치열한 공방을 벌이고 있는 섹스 로봇의 예는 이런 문제들이 단순히 SF 소설에나 등장하는 것이 아니라 생생한 현실의 문제라는 점을 여실히 보여 준다.

8장에서는 최근 각광받고 있는 뇌과학에 관한 철학적 반성을 시도할 것이다. 지난 반세기 동안 이루어진 뇌과학과 심리철학의 대화를 조감하고 표상과 오표상 문제에 관해 철학사를 통해 배운 바들을 반영하면서 표상과 오표상 문제를 새롭게 정식화하는 일이 목표다. 아울러 최근 AI 로봇 공학이 이루한 놀라운 발전에서 뇌과학이 기여한 바가 정확히 무엇인지 알아내는 일이 난해하면서도 매혹적인 주제로 다가온다.

9장에서는 최근 AI 로봇 공학의 선도적 연구자들이 해결에 부심하고 있는 미해결 문제들을 살펴보면서 그것들이 표상과 오표상 문제와 어떻게 연관되는지를 알아보려 한다. 극히 주관적인 감상에 그칠지라도 첨단 연구 동향과 관심의 추이를 판단하고 가까운 장래에 성취될 바를 예측해 볼 것이다. 좀 더 욕심을 부린다면 이를 통해 새롭게 정식화한 표상과 오표상 문제가 AI 로봇 공학의 맥락에서 어떻게 적용되고 어떤 놀라운 통찰을 제공할 수 있을지를 가늠해 볼 수 있을 것이다.

책 전체를 마무리 짓는 10장에서는 AI 로봇 만들기의 철학적 뿌리에 무의식적으로 남겨진 발자국들을 해석하는 과제가 부과될 것이다. 한편으로 순수한 영적 존재로서 신을 닮고 싶지만 다른 한편으로 기계의 힘과 아름다움도 포기할 수 없는 인간의 이중성이 휴머노이드 AI 로봇의 꿈을 통해 여지없이 폭로될 것이다. 인공지능, 뇌과학, 로봇 공학 등 AI 로봇 공학의 핵심 분야들이 한결같이 지닌 미래학적 성격에 대한 반성을 통해 과학과 사이비 과학의 구획 문제에 대해서도 교훈을 얻게 되기를 기대한다.

참고문헌

김재인(2017). 《인공지능의 시대, 인간을 다시 묻다》, 서울: 동아시아.

Dennett, D.(2017). *From Bacteria to Bach and Back*. 신광복 옮김(2022), 《박테리아에서 바흐까지, 그리고 다시 박테리아로》, 서울: 바다출판사.

Gilson, E.(1924). *The Philosophy of St. Thoms Aquinas*. E. Bullogh(trans.), New York: Dorset Press.

Perler, D.(2008). "Thought Experiments: The Methodological Function of Angels in Late Medieval Epistemology", in I. Iribarren and M. Lenz(eds.), *Angels in Medieval Philosophical Inquiry: Their Function and Significance*, Ashgate, pp.143~153.

Popper, K.(1977). "Materialism and the Autonomous World 3", in K. Popper and J. Eccles, *The Self and Its Brain*, Berlin: Springer, pp.56~60.

Radick, G.(2007). *The Simian Tongue: The Long Debate about Animal Language*, Chicago: The University of Chicago Press.

Rus, D., & Mone, G.(2024). *The Heart and the Chip*. 강성훈 옮김(2025), 《천재 로봇공학자 다니엘라 루스의 MIT 로봇 수업》, 서울: 김영사.

Saunders, N. J.(1996). *Animal Spirits.* 강미경 옮김(2002), 《동물의 영혼》, 서울: 창해.

Vidal, F.(2011). *The Sciences of the Soul: The Early Modern Origins of Psychology*, Chicago: The University of Chicago.

01
로봇 만들기

로봇 공학자 로드니 브룩스는 로봇이 실제로 표상을 갖는 것이 아니라 마치 표상을 갖는 듯 행동하도록 만드는 것이 중요하다는 주장을 통해 철학에도 상당한 영향을 미쳤다. 로봇 만들기에 관한 성찰에서 출발하여 표상과 개념을 지니지 않는 지능의 가능성을 동물, 천사, 인공지능의 사례를 통해 숙고함으로써 인간의 본성을 심층적으로 탐구해 보자.

기후 위기와 인공지능?

로봇과 표상

화성 탐사 로봇 징기스나 가정용 청소 로봇 룸바를 통해 잘 알려진 로드니 브룩스는 자신이 종래의 통념을 깨고 독창적 업적을 이룬 점을 강조하기 위해, 보행 로봇 스탠포드 카트(Cart)에 얽힌 선배 한스 모라베크(Hans Moravec)의 실패담을 즐겨 거론했다. 카트는 "인공지능"이라는 단어를 처음 고안했고 강력한 프로그래밍 언어 리스프(LISP)를 만든 전설적 인물 존 매카시(John McCarthy)가 자신이 세운 스탠포드 인공지능연구소에서 추진한 야심적 프로젝트였다. 모라베크는 컴퓨터 시각을 써서 카트가 삼차원으로 세계를 감지하게 하려 했다. 이를 위해 아홉 군데의 위치로 좌우로 미끄러지듯 움직이는 한 대의 카메라를 사용했고, 카트는 각각의 위치에서 포착한 영상들을 비교한 다음 모든 장애물을 피해서 목표 지점까지 도달하는 최적의 경로를 계산했다. 그러고 나서 그것은 약 1미터를 맹목적으로 전진하고 다시 세상을 바라본다. 그러나 엄청난 컴퓨터 사용량과 빨리 소진되는 배터리 외에도 카트 프로젝트는 가동 시간 동안 세상이 변하지 않은 채로 머물러 있다고 하는 어처구니없이 소박한 가정을 하고 있었다. 그리고 그 가정은 카트가 옥외로 나간 어느 가을날 처참하게 깨졌다. 바깥세상의 온갖 물체들이 땅 위에 그리는 뚜렷한 그림자들은 결코 정적이지 않았던 것이다. 카트는 혼란에 빠졌고, 모라베크는 달려 나가 카트의 내적 모델이 다소라도 정확하게 되도록 실제 세상을 바꾸는 조치를 취해야 했다(Brooks, 2005, p.59).

카트의 실패담을 포함해 초창기 로봇 공학 연구의 기본 가정에 브룩스가 어떻게 도전했는지를 알아보기 위해 브룩스 자신의 무용담을 좀 더 자세히 살펴보도록 하자.

> 나는 로봇을 통제하기 위해 어떻게 계산을 조직화할 것인지를 생각해 왔다. 어떻게든 그 시스템은 센서로부터 얻은 조작을 가하지 않은 데이터를 처리하는 지각 과정을 로봇 몸체에 대한 명령을 통제하는 모터 과정과 연결할 것이었다. 문제는 어떻게 이 계산 장치가 구성되어야 하느냐에 있었다. 그것은 어떤 계산을 해야만 하는가? 얼마나 많은 피드백이 지각 과정으로 가야 하고 모터 과정으로부터 와야 하는가? 그것의 계산을 어떻게 표상하고 구체화할 것인가? 최소한 비형식적으로 사람들은 이 장치를 사고와 지능의 핵심인 인지 장치로 생각했다. 이 장치를 만드는 최선의 방법은 그것을 제거해 버리는 것이라고 나는 결정했다. 인지는 없다. 그저 감각과 행동뿐이다. 그것이 내가 만들 전부였고, 전통

적으로 인공지능의 지능이라고 생각되었던 것은 완전히 빼버리려 했다(같은 책, pp.70~71).

같은 이야기를 모라베크에게서 듣는 일은 자못 흥미롭다.

… 불운하게도 프로그램은 성공적이지 못했다. 변화하는 영상으로부터 로봇의 운동을 가늠하려던 프로그램은 네 걸음 중 한 번꼴로 실수를 범했고, 추적할 지역을 잘못 찾았고, 로봇의 운동을 부정확하게 보고했으며, 천천히 구축되는 지도를 엉망으로 만들었다. 얼추 서른 걸음이 필요한 여행인 거실 가로지르기에서 성공할 확률이 희박했다(Moravec, 1990, p.66).

물론 모라베크는 계속된 시도를 통해 카트의 시각 시스템을 크게 개선함으로써 거실 가로지르기에 성공한 후 마침내 브룩스가 보고한 실외 공간에서 길 찾기 과제에 도전했다. 그 또한 카트의 실패에 크게 놀라고 낙담했을 것이다. 그러나 그렇다고 해서 브룩스처럼 자신과 당시 로봇 공학자들이 추구하고 있던 프로그램과 그것의 기본 가정들 자체를 완전히 바꿔야 한다고 여기지는 않았다. 실제로 모라베크는 아주 담담히 카트와 얽힌 에피소드들을 술회하면서 그것들이 인공지능 연구의 지속적 역사 안에서 당당히 자리매김하리라는 점을 추호도 의심하지 않는 것으로 보인다(같은 책, pp.66~67).

지능이란 무엇인가?

모라베크는 분명히 지능을 지닌 똑똑한 로봇은 당연히 세상을 잘 표상해야 하고, 그러기 위해서는 시각 시스템 등을 계속 개선해 나가야 한다는 인공지능 주류 연구자들의 신념을 포기해야 할 필요를 느끼지도 못했고, 또 그럴 의사도 전혀 없었던 것으로 여겨진다. 20여 년 전 브룩스가 의기양양하게 자화자찬할 수 있었던 것은 물론 당시 그가 첨단 로봇 공학의 놀라운 성과를 이룩한 데 대한 찬양의 분위기가 존재했기 때문일 것이다. 그러나 브룩스는 지금에 와서도 여전히 그렇게 자신만만하게 주류 연구자들에게 도전했던 자신의 이단아적 선택이 옳았다고 100퍼센트 확신할 수 있을까?

자율주행 자동차나 안면 인식 시스템 등 몇몇 성공 사례만 보아도 지난 20년 동안 인공지능과 로봇 공학은 비약적 발전을 이루었다. 그 장치 또는 시스템들은 뛰어난 표상 능력과 지능을 지녔다고 말해야 마땅하지 않은가?

다시 말해서, 그럼에도 불구하고 로드니 브룩스는 여전히 로봇의 표상 능력과 지능을 과소평가할 수 있을까? 이제는 상황이 완전히 역전되어 브룩스가 아니라 모라베크가 결국은 자신의 신념과 선택이 옳았다고 주장할 수 있지 않을까? 무엇보다도 최근의 로봇은 하나같이 뛰어난 표상 능력과 지능을 지닌 AI 로봇 아닌가 말이다. 이쯤에서 다시 브룩스가 그랬던 것처럼 묻지 않을 수 없다: 도대체 지능이란 무엇인가?

지능의 본질에 관한 브룩스의 철학적 성찰은 20여 년이 지난 오늘날에도 여전히 음미할 가치를 지니고 있다. 그는 우선 어떤 로봇이 지능을 지녔는지를 평가할 객관적 기준을 세우는 일의 난해성과 불모성을 지적했다. 물론 그는 김재인처럼 생물학적 능력인 지능은 "종마다 특유해서 서로 비교하는 게 무의미"하다고까지 주장하지는 않았다(김재인, 2017, pp.13~14). 그는 사람이 개보다, 개는 도롱뇽보다, 도롱뇽은 개미보다, 그리고 개미는 태엽을 감아 움직이는 장난감보다 지능이 높다는 것을 부인하지는 않았기 때문이다. 그러나 그는 "무엇이 이 피조물들을 다른 것보다 더 높은 지능을 갖게 만드는 것인지는 양화(量化)하기가 아주 어렵다"는 점을 강조했다(Brooks, 2005, p.71). 다른 한편으로 그는 인공지능 연구 초창기에 지능과 관련해서 만연했던 편견들을 정확히 지적하기도 했다.

> 인공지능 초창기에 선택된 프로젝트들에 의거해 판단할 때, 지능은 아주 잘 교육받은 남성 과학자가 흥미로워하는 것들로 가장 잘 특징지을 수 있는 것으로 생각되었다. 프로젝트들 중에는 체스를 두는 컴퓨터, 대학 미적분 강의에서 나올 적분 문제 해결, 수학의 정리 증명, 아주 복잡한 대수 문제 풀기 등이 포함되었다. 커피잔과 의자를 시각적으로 구별하기나 두 발로 걸어다니기, 또는 침실에서 거실로 가기 따위 네댓 살 난 어린이가 힘들이지 않고 할 수 있는 일들은 지능을 요구하는 활동으로 생각되지 않았다. 그 어떤 심미적 판단 또한 지능에 기초한 기능의 목록에 포함되지 않았다(같은 책, p.72).

브룩스의 지적대로 "1980년대까지는 인공지능 분야의 사람들 대부분이 그런 후자의 문제들이 아주 어렵다는 것을 깨달았고, 그 후 20년 동안 다수가 실제로 그것들이 전자의 문제들보다 훨씬 더 어렵다는 것을 깨닫게 되었다"(같은 곳). 그러나 브룩스가 이런 관찰들로부터 도출하고자 했던 "보기, 걷기, 길 찾기, 미적 판단 내리기 등은 보통 명확한 사고나 추리의 연쇄를 통해 이루어지지 않는다. 그것들은 그냥 행해진다"는 결론까지 따라 나오지는 않을 것으로 여겨진다(같은 곳). 브룩스가 열거한 과제들이 그의 생각과 달리 보통 사고와 추리의 연쇄를 통해 이루어진다는 것을 보일 가능성도 배제할 수 없을 테고, 설사 사고와 추리의 연쇄를 통해 이루어지지는 않더라도 여전히 "그것들이 그냥 행해진다"는 주장에는 비약이 있다고 비판할 여지도 있어 보이기 때문이다.

참고문헌

김재인(2017). 《인공지능의 시대, 인간을 다시 묻다》, 서울: 동아시아.

Brooks, R.(1999). *Cambrian Intelligence: The Early History of the New AI.* MIT press.

Brooks, R.(2002). *Flesh and Machines: How Robots Will Change Us.* 박우석 옮김(2005), 《로드니 브룩스의 로봇 만들기》, 서울: 바다출판사.

D'Aluisio, F.(2000). *Robo Sapiens: Evolution of a New Species.* 신상규 옮김(2002), 《로보 사피엔스: 새로운 종의 진화》, 서울: 김영사.

Gilson, E.(1924). *The Philosophy of St. Thoms Aquinas.* E. Bullogh(trans.), New York: Dorset Press.

Moravec, H.(1990). *Mind Children,* 박우석 옮김(2011), 《마음의 아이들》, 서울: 김영사.

02
표상과 오표상

심리철학, 과학철학, 예술철학의 핵심적 주제인 표상은 맥락에 따라 상당히 다른 의미와 위상을 지닌다. 심리철학에서는 오표상이 심각한 문제인 반면, 재현을 유사성으로부터 분리해 온 예술철학에서는 최근에야 다시 논의되기 시작했고, 박진성 개념을 다뤄 온 과학철학에서는 큰 문제로 부각되지는 않는다. 통합적 표상 이론을 구축하는 데서 휴머노이드 로봇의 오표상 문제는 유용한 시험대가 될 가능성을 지닌다.

노래하는 AI 보컬?

표상의 의미와 위상: 심리철학, 과학철학, 예술철학

인지과학의 대표적인 핵심 문제 중 하나인 표상 문제는 철학 안에서만도 심리철학, 언어철학, 과학철학, 그리고 미학 등 다양한 맥락에서 논의되어 왔다. 최근 들어 이 여러 분야들 사이의 상호작용이 더 활발해지면서 좀 더 집중적 주목을 받게 되었다. 마크 롤린스는 "대부분의 회화적 재현 이론들이 묘사(depiction)를 지각을 통해 설명하는 한, 미학과 인지과학은 거기서 만난다"고 믿는다(Rollins, 1999, p.388). 스티븐 다운스(Stephen M. Downes)는 심지어 "미학으로부터 오는 논증들 다수가 과학철학에서의 표상에 대한 설명들을 반론하는 데 사용될 수 있다"고 생각하기까지 한다(Downes, 2009, p.417). 인지과학, 과학철학, 그리고 미학 사이의 이러한 예기치 못했던 상호작용에 고무되어 우리는 어쩌면 통합적 표상 이론을 구축할 절호의 기회를 잡았는지도 모른다. 지난 반세기 동안 표상 문제가 인지과학과 심리철학, 과학철학, 미학 등 여러 분야에서 전혀 달리 파악되며 다른 궤적을 취해 왔기 때문이다. 그 원인을 규명하려면 우선 다음 사실들을 이해해야 한다. 첫째, 넬슨 굿먼(Nelson Goodman)의 유산이 예상 외로 광범한 영역에서 지속적인 영향력을 행사해 왔다. 둘째, 오표상 문제는 특히 분야에 따라 전혀 다른 기능과 역할을 지녀 왔다. 셋째, 이 두 논점은 서로 밀접하게 연결되어 있다고 여겨진다.

최근 인지과학, 과학철학, 그리고 미학 사이의 상호작용이 활발한 가운데 굿먼의 획기적인 책《예술의 언어(Languages of Art)》가 이룬 업적이 괄목할 만하다(Goodman, 1976). 그 누구도 이보다 더 예술의 인지적 기능을 재조명하는 데 크게 기여하지 못했기 때문이다. 그러나 특히 표상과 달리 유사성은 재귀적(reflexive)이고 대칭적(symmetrical)이므로 유사성이 표상(재현)의 필요조건도 충분조건도 못 된다는 굿먼의 간결하면서도 강력한 논변은 대단한 영향력을 행사해 왔다. 유사성이 표상의 충분조건이 되지 못한다는 것을 보이기 위해 굿먼이 사용한 예는 자동차 제조 라인에 도열해 있는 자동차들과 쌍둥이 형제인데, 이 사례들에서는 아주 비슷한 한 쌍의 대상들은 서로를 표상하지 않는다(같은 책, p.4). 한편 유사성이 표상의 필요조건이 되지 못한다는 점을 보이기 위해 굿먼은 그저 "거의 어떤 것이든지 다른 어떤 것이라도 나타낼 수 있다"는 논점이 널리 받아들여졌다는 사실에 호소한다(같은 책, p.5). 회화적 재현이 일차적 타깃이었음에도 불구하고 그 논변의 영향력은 단지 미학에 국한되지 않는다. 그런 점에서 통합 표상 이론을 구축하는 과업에서 굿먼이 장애물이 되어 왔다는 사실은 얄궂은 아이러니다.

최근 심리철학과 인지과학 일반에서 오표상 문제는 핵심적 쟁점 중 하나다(Perlman, 2000; Fodor, 1986, 1987, 1990; Dretske, 1981; Godfrey-Smith, 1989). 심적 표상에 관한 어떤 자연주의적 이론에 대해서도 그것이 극복하기 어려운 난관이 되어 왔기 때문이다. 유사성 이론을 제쳐 놓음으로써 어떤 자연주의적 표상 이론에게도 심적 오표상의 가능성을 설명하기가 지극히 어려워진다는 점은 이해할 만하다. 실제로 심적 표상 정보 이론들이 치명적인 착오(error) 문제를 직면할 수밖에 없다는 점은 잘 알려져 있다. 왜냐하면 고드프리스미스(Godfrey-Smith)의 설명처럼 그것들은 "명백히 어떤 표상이 어떻게 명확한 내용을 획득하면서도 거짓일 수 있는지를 설명할 수 없기" 때문이다(Godfrey-Smith, 1989, p.534). 포더에 따르면, 조야한 인과 이론에서 하나의 기호는 어떤 속성의 모든(all) 사례 그리고 유일한(only) 사례들만이 그 기호의 토큰들을 야기하는 것이 법칙적으로 필연적인 경우 그 속성을 표현한다. 여기서 '모든' 부분과 '유일한' 부분 모두에 문제가 있다. 모든 말[馬]들이 실제로 한국어 단어인 '말' 토큰들을 야기하는 것은 아니다. 또한 소들을 말들로 오인할 때 '소들이 때로는 '말' 토큰들을 야기한다. 포더는 전자를 "자연화 문제"라고 부르고, 후자를 "선언(disjunction) 문제"라고 부른다(Fodor, 1990, p.101). 그리고 오표상 문제의 가장 골치 아픈 판본이 "포더의 선언(disjunction) 문제"라고들 한다(Godfrey-Smith, 1989, p.534).

그러나 미학과 과학철학에서는 사정이 전혀 다르다. 아주 최근까지 회화적 오표상 문제를 주목한 사례는 거의 전무하다(Hopkins, 1994, 1998). 과학철학에서는 과학적 오표상 문제가 심각하게 고려된 적이 있는지조차 의심스럽다. 극히 최근에 와서 미학에서 이루어진 회화적 오표상 문제의 논의는 굿먼의 유산에 대한 뒤늦은 반란이자 그에 동반된 유사성에 대한 관심의 부활에서 추동력을 얻었다(Files, 1998; Perini, 2005). 또한 굿먼의 소망과 반대로 진리 문제는 최소한 박진성(迫眞性, verisimilitude) 문제 덕에 과학철학에서 여전히 존속되고 있다(Niiniluoto, 1987, 1998; Oddie, 1986; Schurz, 2011). 그런 의미에서 과학적 표상의 논의에서는 유사성을 표상에서 절연시킨 굿먼의 영향력이 미미했다고 볼 수 있다.

AI 로봇과 오표상 편향 문제

루스는 AI 로봇이 착오를 일으키는 사례로, 개체 인식 시스템이 개의 이미지를 타조로 판단한 픽셀 교란 방식을 든다.

> 처음에 이 프로그램은 98퍼센트의 확률로 이 이미지가 개라고 확신했다. 하지만 몇 개의 픽셀만 살짝 교란했더니 시스템이 결론을 바꾸었다. 이제는 이 이미지가 타조라고 판단한 것이다. 놀랍게도 시스템은 이번에도 여전히 98퍼센트의 확률로 확신했다(Rus, 2025, p.228).

루스의 지적대로, 만일 유사한 방식으로 AI 로봇이 도로의 정지 신호를 양보 신호로 착각해서 교통사고가 발생한다면, 이는 확실히 심각한 문제다.

AI 로봇의 기계학습에서 제기되는 편향 문제는 오표상 문제의 한 유형으로 볼 수 있다. 과거에 오표상 문제를 천착했던 김효은이 최근 인공지능의 편향 문제를 집중적으로 다룬 소책자를 낸 것은 결코 우연이 아니다.(김효은, 2012, 2025). 우선 편향의 정의가 제시된다.

"현대 인공지능에 개입되는 '편향(bias)'이란 인공지능 생명 주기, 즉 기획 및 설계 단계, 데이터 수집 및 선택, 분류 단계, 알고리즘 선정 및 기계 학습, 그리고 배포 및 적용과 모니터링에 이르기까지의 모든 단계에서 인공지능의 의사 결정이 특정 집단, 지역, 측면에 기울어진 결과를 초래하는 기준이 개입되는 것을 의미한다"(김효은, 2025, p.xi).

이 정의는 편향이 개입되는 지점에 관해 초미의 관심을 보인 결과로 얻어진 성과이고 옛 규칙 기반 인공지능과 오늘날의 인공지능에서 편향 문제가 어떻게 달리 제기되는지에 관한 진단과 더불어 대단히 유용한 조망점을 제공한다. 옛 틀에서는 문제가 "주로 코딩 과정의 오류나 데이터 부족, 그리고 시스템 악용 및 잘못된 사용에서 기인"했던 반면, 오늘날의 틀에서는 "대부분 빅데이터를 기반으로 한 기계학습과 딥러닝 방법을 활용"하고 "기계 학습 과정의 내부를 알 수 없는 '블랙박스(Black-box)' 현상으로 인해 인공지능의 의사 결정의 근거를 알기 어렵다"는 데 문제가 있다고 한다(같은 책, p.xi~xii).

김효은은 편향 문제를 기본적으로 윤리적 문제로 파악하고서(김효은, 2022) 인공지능법과 인공지능 편향

정책 등으로 관심의 폭을 확장해 나아간 것으로 보인다. 대단히 시의적절하고 가치 있는 연구 성과라는 데 의심의 여지가 없다. 다만 오표상 문제와의 연장선상에서 편향 개념을 정의하고 그를 통해 오표상 문제와 편향 문제 해결에 도전하는 데는 이르지 못한 것으로 보인다는 점이 아쉽다. 편향이 개입되는 지점을 정확하게 포착하는 일과 인공지능 편향의 원인을 찾는 일은 아마도 동전의 양면이리라 여겨지므로 향후 편향 문제에서 논의의 진전이 오표상 문제에 대해서도 새로운 통찰을 주기를 기대한다.

참고문헌

김효은(2012). "의식의 고차 이론과 오표상의 문제", 《철학사상》, 46, 327~360.

김효은(2022). 《인공지능과 윤리》, 서울: 커뮤니케이션북스.

김효은(2025). 《인공지능과 편향》, 서울: 커뮤니케이션북스.

Downes, S. M.(2009). Models, Pictures, and Unified Accounts of Representation: Lessons from Aesthetics for Philosophy of Science. *Perspectives on Science*, 17(4), 417~428.

Dretske, F.(1981). *Knowledge and the Flow of Information. Cambridge*. MA: MIT Press.

Files, C.(1996). Goodman's Rejection of Resemblance. *British Journal of Aesthetics*, 36(4), 398~412.

Fodor, J.(1986). "Information and Association", *Notre Dame*

Journal of Formal Logic, 27, 307～323.
Fodor, J.(1987). *Psychosemantics*. Cambridge, MA: MIT Press.
Fodor, J.(1990). *The theory of Contents and Other Essays. Cambridge*. MA: MIT Press.
Godfrey-Smith, P.(1989). "Misinformation", *Canadian Journal of Philosophy*, 19(4), 533～550.
Goodman, N.(1976). *Languages of Art* (2nd ed.). Indianapolis: Hackett.
Hopkins, R.(1994). "Resemblance and Misrepresentation", *Mind*, 103, 421～438.
Hopkins, R.(1998). *Picture, Image and Experience*. Cambridge: Cambridge University Press.
Niiniluoto, I.(1987). *Truthlikeness*. Dortrecht: Reidel.
Niiniluoto, I.(1998). "Verisimilitude: The Third period", *British Journal for the Philosophy of Science*, 49, 1～29.
Oddie, G.(1986). *Likeness to Truth*. Boston: Reidel.
Park, W.(2014). "Misrepresentation in Context", *Foundations of Science*, 19(4), 363～374.
Park, W.(2017). "A Possible Dilemma for Situation Semanticists", *Foundations of Science*, 22(1), 161～182.
Perini, L.(2005). "The truth in Pictures", *Philosophy of Science*, 72, 262～285.
Perlman, M.(2000). *Conceptual Flux: Mental Representation, Misrepresentation, and Conceptual Change*. Dordrecht: Kluwer.
Rollins, M.(1999). "Pictorial Representation: When Cognitive Science Meets Aesthetics", *Philosophical Psychology*, 12(4), 388～413.
Rus, D., & Mone, G.(2024). *The Heart and the Chip*. 강성훈

옮김(2025), 《천재 로봇공학자 다니엘라 루스의 MIT 로봇 수업》, 서울: 김영사.

Schurz, G.(2011), “Verisimilitude and Belief Revision. With a Focus on the Relevant Element Account”, *Erkenntnis*, 75(2), 203~221.

03
동물의 인지

중세 인식론에서 육체를 지니지 못한 천사와 달리 인간과 동물의 인지는 감각에서 출발한다. 다섯 외적 감각뿐만 아니라 기억, 평가력 등 내적 감각을 재조명할 필요가 있다. 특히 흥미로운 것이 평가력으로, 이를 퍼스의 가추와의 유비를 통해 동물의 가추적 인지로 재해석할 경우 원초적 논리학을 재구성할 가능성이 열린다.

인공지능과 편향?

늑대의 위험성과 양의 평가력

아비센나(Avicenna, 이븐 시나, 980~1037)에게서 우리는 "아리스토텔레스의 상상력 또는 판타지아의 관념"을 확장하려는 동기를 지닌 "내적 감각"에 관한 가장 복잡하고도 정교한 설명 중 하나를 발견한다(Black, 1993, p.219; 이재경, 2005, p.186 이하). 오늘날 우리는 '감각'이라는 단어로 시각, 촉각, 청각, 미각, 후각, 즉 외적 감각들만을 의미하지만, 중세인들은 이 외에 평가력, 기억 등을 내적 감각들을 감각에 포함시켰다. 이러한 확장에서 평가력(wahm/aestimatio)라는 내적 감각 능력은 동물의 인지와 인간의 인지 양자 모두의 특징들을 설명하는 데서 특별한 중요성을 지닌다(Black, 2000, p.59).

중세의 평가력 논의에서 전범이 되었던 아비센나는 양이 늑대의 적의를 지각하는 데 관해 다음과 같이 이야기한다.

> 지향에 관해 말하자면, 그것은 외적 감각에 의해 위해를 지각한 바가 전혀 없으면서도 양이 늑대에게서 위해를 끼치려는 의도를 지각하고, 그것이 늑대를 두려워하고 도망치는 일을 야기하는 것과 마찬가지로, 이전에 외적 감각에 의해 지각된 바 없이 영혼이 감각된 대상으로부터 지각하는 어떤

> 것이다.
>
> …
>
> 그다음으로 두뇌의 중간 뇌실(腦室, ventricle)의 끝에 위치한 평가력이 있는데, 그것은 늑대는 피해야 하고 어린아이는 사랑해야 한다고 판단하는 능력처럼 개별적 감각적 대상들 안에 존재하는 감각 불가능한 지향을 지각한다(Avicenna, 1952, pp.30~31; 박우석, 2012, pp.161~162).

동물의 평가력과 가추적 인지

아퀴나스의 주석가들 중 'vis aestimativa(평가력)'를 'instinct(본능)'로 번역한 사례가 있다는 점은 흥미롭다. (Barad, 1995, p.95). 이런 해석은 아퀴나스의 논저에 기반을 두고 있으므로(예: 아퀴나스, 《신학대전》 I 83, 1), 최소한 문제 수준에서 평가력과 가추 사이의 유비를 구축할 토대가 된다.

> (문제 수준에서의 유비): 가추가 본능인지 아니면 추론인지를 다투는 논쟁이 존재하는 것과 꼭 마찬가지로 평가력이 단지 본능일 뿐인지 아니면 이성과 아주 비슷한 것인지를 다투는 논쟁이 있었다(Park, 2012).

게다가 이 유추를 지지해 줄 훨씬 더 탄탄한 튼실한 논거들이 존재한다. 비-인간 동물들과 인간인 동물들에서의 가추 문제에 대해 취할 수 있는 가능한 입장들의 스펙트럼이 아주 넓듯이 중세 이슬람 및 라틴 철학자들 사이에서 비-인간 동물들과 인간 동물들의 평가력에 관해 아주 다양한 스펙트럼의 이론들이 존재했다. 그 문제에 대해 제시된 다양한 진단들과 그에 따라 제안된 다양한 처방책들은 다시 문제 자체에 영향을 미쳤다. 따라서 가추 문제의 진화 과정과 평가력 문제의 진화 과정 사이에도 유비가 성립할 수도 있어 보인다.

아비센나처럼 평가력과 이성 사이의 공조를 허용하거나 아퀴나스처럼 본능과 이성을 첨예하게 분리하는 등 상당한 의견의 편차가 존재하고, 이는 평가력 문제에 대한 해결책이 본능과 이성에 대한 이해에 크게 의존한다는 점을 보여 준다. 아베로에스처럼 평가력을 외적 감각으로 환원하려는 입장과, 아퀴나스처럼 본능에만 의존하는 비-인간 동물들과 달리 인간에게는 판단력의 요소를 지니는 내적 감각 능력이 있다는 입장 사이의 차이는 아주 크다. 따라서 진단 수준에서와 처방 수준에서의 가추와 평가력 사이의 유비도 제안이 가능하다.

(진단 수준에서의 유비): (1) 가추에 관한 논쟁이 대체로 본능과 추론에 관한 이해의 차이에서 비롯되듯이 평가력에 관한 논쟁도 대체로 본능과 이성에 관한 다른 견해에서 비롯된다. (2) 가추를 전적으로 본능적인 것으로 보느냐 아니면 전적으로 추론적인 것으로 보느냐의 문제에 극복하기 어려운 난점들이 존재하듯이 판단 능력을 전적으로 감각 수준에서 취급하느냐 아니면 전적으로 지성적인 것으로 취급하느냐의 문제에도 극복하기 어려운 난점들이 존재한다.

(처방 수준에서의 유비): 가추의 본능적 성격과 추론적 성격 모두를 허용함으로써 가추에 관한 논쟁을 해소하는 방안이 유망하듯이 어떤 중세철학자들은 평가력의 본능적 측면과 이성적 측면 모두를 허용함으로써 평가력을 이해하는 딜레마에서 탈출로를 찾았다(같은 논문).

모든 유비가 그러하듯 가추와 평가력 사이의 유비에도 당연히 비유사성들이 또한 존재한다. 마냐니는 가추적 본능을 어떤 유기체에게든 귀속시키는 것으로 여겨지는 반면, 중세심리학에서 평가력의 전형적 소유자는 척추동물이었다. 이와 밀접하게 연관되는 또 다른 비유사성은 마냐니가 지극히 하등 동물에게도 원초적 사고

(proto-thought, pseudothought)를 허용하는 반면, 중세심리학에서 판단과 연관되는 감각 능력의 소유자들은 다시금 척추동물들이었다는 점이다. 어떤 종류의 지각이든 가추로 해석하는 마냐니와 달리 중세철학자들은 평가력을 외적 감각들과 다른 내적 감각들로 환원되지 않는, 의도들의 지각에 한정되는 것으로 간주했다는 것도 이와 연관된 또 다른 비유사성으로 여겨진다(같은 논문; Magnani, 2009).

이러한 비유사성들은 그것들이 학문 간의 경계 논쟁과 결부되는 것으로 여겨지는 까닭에 더욱 흥미롭다. 우선 심리학과 생물학 사이의 경계를 고찰해야 한다. 가추적 본능을 어떤 생물학적 기능에 대해서도 귀속시킬 것인가, 그렇지 않으면 고등 인지 능력에 한정할 것인가? 또한 우리는 논리학과 심리학 사이의 관계의 역사를 재검토해야 한다. 퍼스의 가추가 연역과 귀납과 어깨를 나란히 하는 논리적 추론인 한에서 결코 중세심리학에서의 평가력 같은 감각 능력일 수 없다면 그것들 사이의 유비를 찾아 원초적 논리학을 구축하려는 시도는 처음부터 이룩조차 할 수 없기 때문이다(Park, 2022). 19세기 말 이루어진 논리학과 심리학의 결별이라는 큰 맥락에서 퍼스도 현대 수리논리학의 아버지 고틀로프 프레게

처럼 심리주의를 비판했지만, 20세기 후반부의 인지과학 혁명의 분위기 속에서 퍼스의 사상은 이 두 학문 분야의 재결합의 물꼬를 텄다. 갓 태어난 병아리가 알곡을 잘 골라 먹는데 왜 그런 가추적 본능이 무수히 많은 과학적 가설들 중에서 옳은 것을 가려내야 할 인간에게만 허락되지 않겠느냐는 퍼스의 생각을 진지하게 검토할 시점이다(Park, 2014).

참고문헌

박우석(2012). "수아레즈: 분수령인가 연결고리인가?", 《인문학연구》, 46, 147~189.

이재경(2005). "아랍철학자 아비체나의 지향성이론", 《서양고전학연구》, 23, 177~205.

Black, D.(1993). "Estimation (Wahm) in Avicenna: The Logical and Psychological Dimensions", *Dialogue*, 32, 219~258.

Black, D.(2000). "Imagination and Estimation: Arabic Paradigms and Western Transformations", *Topoi*, 19, 59~75.

Dennett, D.(2017). *From Bacteria to Bach and Back*. 신광복 옮김(2022), 《박테리아에서 바흐까지, 그리고 다시 박테리아로》, 서울: 바다출판사.

Magnani, L.(2009). *Abductive Cognition. The Epistemological and Eco-Cognitive Dimensions of Hypothetical Reasoning*, Heidelberg/Berlin: Springer.

Park, W.(2012). "Abduction and Estimation in Animals", *Foundations of Science*, 17(4), 321~337.

Park, W.(2014). "How to Learn Abduction from Animals?: From Avicenna to Magnani", L. Magnani(eds.), *Model-Based Reasoning in Science and Technology: Theoretical and Cognitive Issues*, Heidelberg/Berlin: Springer, 207~220.

Park, W.(2022). "What Proto-logic Could not be", *Axiomathes*, 32, 1451~1482.

04
사고 언어

인간이 만물의 영장이라는 생각은 대체로 오직 인간만이 언어를 사용한다는 생각에 근거하는 것으로 보인다. 그런데 후기 중세철학자들은 말하고 글로 쓴 언어 이전에 심적 언어가 전제되어야 한다고 보았다. 천사의 언어가 이와 같으리라는 그들의 생각은 현대 인지과학과 철학에서 제리 포더의 사고 언어 가설을 통해 재조명되고 동물 사고 언어 논쟁으로까지 이어지고 있다.

청각장애인과 AI?

천사의 오표상

피조물의 위계에서 정점에 있는 천사가 인간과 동물보다 우월한 인지 능력을 지녀야 마땅하다. 아리스토텔레스적 전통에 서서 아퀴나스는 인간 외의 동물들은 사물들을 감각을 통해 인지할 뿐이지만, 인간은 감각으로부터 추상을 통해 다른 피조물들에 대한 지식을 얻는다고 본다. 그렇다면 인간과 동물과 달리 감각을 아예 결여한 천사는 어떻게 지식을 획득하는가?

호리스(Goris)에 따르면, 아퀴나스의 천사론에서 천사는 세 가지 수단을 통해 지식을 얻는다. (1) 본유적 종(innate species), (2) 천사 자신의 본질들, (3) 신적 본질. (1)은 천사가 다른 피조물들에 대해 갖는 자연적 지식, (2)는 천사 자신에 대한 자연적 지식, 그리고 (3)은 신의 은사로 주어지는 초자연적 지식이다(Goris, 2012, p.150, 155). 천사들의 위계, 천사들 사이의 의사소통, 악한 천사의 죄 등 여러 가지 복잡한 문제들이 중첩되므로 여기서는 (1), 즉 천사가 본유적 종에 의해 다른 피조물들에 대해 갖는 자연적 지식에 논의를 한정해 보자. 감각이 결여된 천사는 본유적 종들에 의해 세상의 사물들에 대해 더 완전한 지식을 얻어야 한다. 그런데 천사의 지식은 감각을 통한 지각 단계에서 오표상이 발생할 위험이 전혀 없을 뿐만 아니라 비-논설적(non-discursive)이고 비명제적이라는 특징을 갖는 까닭에 논증 단계에서 오류를 범할 가능성도 차단된다. 따라서 아퀴나스는 천사가 착오를 일으킬 수 없다고까지 주장한다.

> 따라서 본질적으로 천사의 지성에는 거짓도 착오도 기만(deceptio)도 있을 수 없다(《신학대전》, Ia. 58.5).

흥미롭게도 모든 자연적 지식은 본유적 종의 형태로 창조될 때 주입되었다고 보는 아퀴나스의 입장은 훗날 월터 채튼(Walter Chatton)에 의해 지지되고 오컴은 공통적 의견(opinio communis)이라고 불렀다(Lenz, 2008b, p.155). 이 입장의 귀결로 천사의 지식이 비-논설적이라는 주장이 나오게 되는데, 왜냐하면 천사는 논설 없이(sine discursu) 주어진 전제로부터 연역 가능한 모든 것을 즉각적으로 알고, 따라서 추리할 필요가 없기 때문이다(같은 논문, p.156).

천사의 언어

오컴이 천사의 지식에 관한 아퀴나스의 견해를 신랄하게 비판한 이유와 동기를 단박에 적시하기는 쉽지 않아

보인다. 그러나 그 비판이 오컴의 심적 언어 이론과 운명을 같이한다는 점은 자명하다. 렌츠는 오컴이 지지한 인간의 사고가 구성적(compositional)이고 심적 언어를 구성한다는 주장을 오컴의 테제라고 명명하고, 그것이 사고의 본성에 관한 심리철학의 역사에서 중심적 전환점을 이루었다고 본다.

천사에서의 오표상 가능성에 관한 논쟁에서 천사의 지식이 아퀴나스의 주장대로 비-논설적인지가 관건인데, 오캄은 천사의 인지가 비논설적이라는 전제 자체를 비판하고, 그 비판을 가능하게 한 것이 다름 아닌 그의 심적 언어 이론이다. 이상적인 인식 주체인 천사가 추리하지 않는다는 아퀴나스에 맞서 오캄은 천사가 실제로 추리할 뿐만 아니라 그럴 필요가 있다고 주장한다. 왜냐하면 그렇지 않을 경우 천사는 현실적으로 어떤 단일한 전제를 그 전제로부터 따라 나오는 무한한 수의 결론들을 인지하지 않으면서 인지할 수가 없기 때문이다 (Ockham, OTH V, p.315; Lenz, 2008b, pp.158～159) 다시 말해서, 렌츠가 적절하게 지적하듯, 인간의 사고의 모델인 심적 언어가 천사의 사고의 모델이라고 본 것이다(같은 곳; Panaccio, 1997, p.321).

렌츠는 오컴의 아퀴나스 비판을 이해하기 위해서는

사고의 세 측면을 구별해야 한다고 주장한다. "1. 종 또는 개념의 획득, 2. 사고 과정, 즉 추리, 그리고 3. 사고의 목적 또는 결과, 즉 지식"(Lenz, 2008b, pp.160~161). 왜냐하면 그가 보기에 아퀴나스의 문제점은 이 세 측면을 명시적으로 구별하지 않았다는 데 있기 때문이다. "종들의 주입과 더불어 천사는 추리할 필요가 없고 종들을 직관함으로써 목적은 이미 성취되었다 – 말하자면, 셋 다 본유적으로 있다"(같은 곳).

최근 오컴의 심적 언어 이론은 집중적으로 재조명되게 되고 있다(Klima, 2015; Panaccio, 2017; Pelletier & Roques, 2017; Park, 2022). 주지하듯, 이런 예상치 못한 철학사의 전개의 일등공신은 제리 포더(Jerry Fodor)다. 심리학, 언어학, 인류학, 컴퓨터과학, 인공지능, 철학 등 다양한 학문들을 총망라한 학제적 융합 연구로 이루어지는 인지과학 전반에 걸쳐 지난 반세기 동안 아마도 가장 큰 영향을 미쳐 온 그의 소위 사고 언어 가설(Language of Thought Hypothesis)이 그 스스로 인정하듯 오컴의 심적 언어 이론에 뿌리를 두고 있기 때문이다(Fodor, 1975; Schneider, 2011). 아울러 포더 자신이 천사의 예를 논의했다는 점도 흥미롭다(Fodor, 1975, p.86).

동물 사고 언어 논쟁

언어를 갖지 못한 동물들에서의 사고 언어의 가능성은 극히 최근에 와서야 진지하게 논의되기 시작했다(Cheney & Seyfarth, 2008; Camp, 2009; Beck, 2018). 종래 사고 언어 가설에 관한 논쟁에 참여해 온 철학자들 중 일부는 아마도 그 가능성 자체를 논외로 여겼으리라 짐작된다. 언어를 사용하지 못하는 동물들에게서까지 사고 언어의 가능성을 탐색할 필요가 무엇인가?

제이콥 벡(Jacob Beck)이 언어를 사용하지 못하는 동물들에서의 사고 언어 가능성이라는 쟁점을 소개하는 방식이 흥미롭다. 그에 따르면, 사고 언어 가설을 우리에게 참이라고 받아들이는 데는 언제나 인간이 공적 언어를 쓴다는 한 가지 특별한 이유가 있었다. "우리의 언어적 발화는 자연스레 우리의 내적 사고의 직접적 번역으로 해석되고, 이는 우리의 내적 생각들이 그것들의 공적 언어 표현들의 구조를 반영한다는 것을 시사한다. 인간이 아닌 동물들에게서는 이 특별한 이유가 없다"(Beck, 2018, p.46).

이 단계에서 그는 언어를 사용하지 못하는 동물들이 지도 따위의 비-언어적 포맷의 심적 표상을 갖는다는 생각이 유혹적인 이유를 발견한다. 그러나 그는 그렇게 결론지을 필연성은 단호히 부인한다. 설사 동물들이 그들의 생각을 표현할 공적 언어를 갖고 있지 못하더라도 동물들에게서 사고 언어 가설은 참일 수 있기 때문이다. 그리하여 벡은 사고 언어 가설의 전망이 아무리 어둡더라도 동물들에서의 사고 언어 가설을 유망한 연구 프로그램으로 동기부여하려 애쓴다.

> 동물들에서의 사고 언어 가설이 흥미로운 것은 부분적으로 그것이 현대 인지과학의 표상적이고 전산적인 패러다임 내에서 인간과 동물의 인지가 아예 다른 종류의 차이를 보이는지 그렇지 않으면 단지 정도의 차이에 불과한지를 묻는 문제를 이해할 방법을 제공해 주기 때문이다. 만일 인간은 사고 언어를 갖지만 동물들은 그렇지 못하다면, 분명히 인간의 인지는 동물의 인지와 근본적으로 다른 표상적 포맷을 갖는다. 반면에, 만일 인간과 동물 모두 사고 언어를 갖는다면, 최소한 현대 인지과학의 관점에서 인간과 동물의 인지는 단지 정도의 차이를 가질 뿐일 가능성이 여전히 열려 있다(같은 책, 47).

나는 동물들에서의 사고 언어 가설이 참이라고 믿지 않지만, 이 가설에 따른 추가적 연구를 통해 우리가 인간과 인간이 아닌 동물의 인지에 관해 많은 것을 배울 수 있으리라는 벡의 믿음에 동의한다. 특히 "만일 인간과 동물 모두 사고 언어를 갖는다면, … 인간과 동물의 인지는 단지 정도의 차이를 가질 뿐일 가능성이 여전히 열려 있다"는 결론은 인간과 천사 모두 심적 언어를 갖는다고 보고 인간과 천사의 인지의 유사성을 강조한 오컴을 연상시키는 까닭에 벡의 기획이 대단히 유망하다고 본다. 게다가 벡의 기본 관점은 오컴이 겨냥한 바가 단순히 인간의 사고와 지식이나 천사의 사고와 지식의 모델이 아니라 사고와 지식 일반의 모델이라고 지적한 렌츠의 통찰과 잘 어울린다.

참고문헌

Aquinas, St. T.(1968). *Summa theologiae*, volume 9 (1a. 50~64), Angels, K. Foster(trans.), New York: McGraw-Hill.

Beck, J.(2018). "Do Nonhuman Animals Have a Language of Thought?", in K. Andrews and J. Beck (eds.), *The Routledge Handbook of Philosophy of Animal Minds*, London and New York: Routledge.

Camp, E.(2009). "A Language of Baboon Thought", in R. W. Lurz(ed.), *The Philosophy of Animal Minds*, 108~127.

Dennett, D.(2017). *From Bacteria to Bach and Back*. 신광복 옮김(2022), 《박테리아에서 바흐까지, 그리고 다시 박테리아로》, 서울: 바다출판사.

Fodor, J.(1975). *Language of Thought*, Cambridge: MIT Press.

Klima, G.(2015). *Intentionality, Cognition, and Mental Representation in Medieval Philosophy*. Fordham University Press.

Lenz, M.(2008a). "Why is thought linguistic? Ockham's Two Conceptions of the Intellect", *Vivarium*, 46(3), 302~317.

Lenz, M.(2008b). "Why Can't Angels Think Properly? Ockham against Chatton and Aquinas". in Lenz, M. and Iribarren, I.(eds.), *Angels in Medieval Philosophical Inquiry: Their Function and Significance*, Ashgate, 155~167.

Ockham, W.(1967~1986). Quaestiones in librum secundum Sententiarum (Reportatio), *Opera theologica V*, G. Gal et al.(eds.), St. Bonaventure, New York: The Franciscan Institute.

Panaccio, C.(2017). *Mental Language: from Plato to William of Ockham*, G. Klimam(trans.), N.Y.: Fordham University Press.

Park, W.(2022). "Tachau on Scotus' Theory of Cognition: How to Expand Gracia's Program on the History of the Problem of Individuation", in R. A. Delfino, W. Irwin and J.J. Sanford(eds.), *The Philosophical Legacy of Jorge J. E. Gracia*, Lanham, MD: Rowman & Littlefield, 85~99; 271~277.

Park, W.(2022). "What Proto-logic Could not be", *Axiomathes*, 32, 1451~1482.

Pelletier, J., & Roques, M.(2017). *The Language of Thought in Late Medieval Philosophy. Essays in Honor of Claude Panaccio*, Springer.

Seyfarth, R. M., & Cheney, D. L.(2008). "Primate Social Knowledge and the Origins of Language", *Mind & Society*,

7(1), 129~142.

Schneider, S.(2011). *The Language of Thought: A New Philosophical Direction*. Mit Press.

05
짐승-기계 논쟁

동물의 인지에 관한 연구의 역사에서 짐승-기계 논쟁은 종래의 사고의 틀을 깬 중대한 변곡점이라 할 수 있다. 데카르트의 동물 자동기계 가설과 그에 대한 데카르트주의자, 아리스토텔레스주의자, 경험론자의 반응을 검토할 가치가 있다. 특히 왜 데카르트주의자들과 경험론자들이 공통적으로 본능 개념을 회피했는지가 흥미롭다.

데카르트의 동물 자동기계 가설

동물과 인간의 차이를 이해하기 위해 본능과 지능의 차이를 논의하는 일이 필수적이고 진지한 탐구를 위해서는 최소한 중세 이슬람철학자들의 견해를 소환해야 한다는 데 동의하더라도, 오늘날의 인공지능 연구자와 로봇 공학자들이 도서관으로 달려가 심리학의 역사 공부를 하리라고는 믿어지지 않는다. 마지못해 아리스토텔레스의 《데 아니마(영혼론, De anaima)》를 아직 기억에서 삭제하지는 않았다고 하더라도, 현대의 심리학자들은 심리학의 역사의 시발점을 기껏해야 빌헬름 분트(Wilhelm Wundt)가 실험심리학 연구소를 세운 1879년 즈음으로 여기는 듯하다.

어쨌거나 데카르트의 동물 자동기계설과 그에 이어진 18세기와 19세기의 짐승-기계와 인간-기계 논쟁은 천사, 동물, 인간을 비교하는 일에 기계라는 새로운 변수를 도입한 중대한 사건으로 여겨진다. 레오노라 로젠필드(Leonora C. Rosenfield)가 생생하게 묘사했듯이, 학계와 귀족 사회에서 철학자, 시인, 과학자, 신학자 들이 벌인 짐승-기계 논쟁은 격렬했기 때문이다(Rosenfield, 1940, 1968, p.xxvii). 데카르트주의의 비판자들로 그녀는 이원론자들, 아리스토텔레스주의자들, 신플라톤주의자들, 절충주의자들을 "전통주의자들"로 한데 뭉뚱그리고, 에피쿠로스주의자들과 자유사상가들을 "경험론자"로 한데 묶어 논의했다(Rosenfield, 1940, 1968, pp.73~153). 실질적으로 대동소이한 그림이 로버트 리처즈(Robert Richards)에게서 발견되는데, 그는 이 논쟁의 주된 참여자들로 데카르트주의자들, 아리스토텔레스주의자들, 감각론자들에 초점을 맞추었다(Richards, 1979, 1981). 편의상 리처즈를 따라 간략하게 논쟁 상황의 개요를 그려 보자.

최근 존 커팅햄은 소위 데카르트의 짐승-기계설의 애매모호함을 지적함으로써 표준적 해석에 맞서 데카르트의 옹호를 시도했다. 데카르트가 동물들이 전혀 감정을 지니고 있지 못하다는 기괴한 주장을 했다는 것을 부인하기 위해 커팅햄은 다음과 같은 명제들을 고찰할 것을 요청했다.

(1) 동물들은 기계다.

(2) 동물들은 자동기계다.

(3) 동물들은 생각하지 않는다.

(4) 동물들에게는 언어가 없다.

(5) 동물들은 자의식이 없다.

(6) 동물들에게는 의식이 없다.

(7) 동물들에게는 감정이 전혀 없다.

커팅햄에 따르면, 데카르트는 (1)에서 (5)까지의 명제들을 실제로 주장했다. 그러나 그는 데카르트가 (7)을 주장했다는 증거는 전무하다고 믿는다(Cottingham, 1978, pp.551~552).

그러나 데카르트를 구해 내려는 커팅햄의 시도는 여러 주석가들의 비판을 받았다. 예를 들어, 피터 해리슨(Peter Harrison)은 커팅햄이 "(1') 동물들은 이성적 영혼이 없다"를 검토할 명제들의 목록에서 누락했다고 비판했다. 해리슨에 따르면, "비록 (2)가 (7)을 함의하지는 않지만, (2)와 (7) 모두 (1')에 의해 함의되기 때문이다". 해리슨은 이 누락에 대해 놀라움을 표명하는데, 왜냐하면 그는 "그것이야말로 동물들의 마음에 관해 데카르트가 한 다양한 주장들이 어떻게 한데 연결되는지를 이해하는 열쇠"라고 믿기 때문이다(Harrington , 1992, p.223). 나는 해리슨에 대체로 동의하는 편이지만, 그와 무관하게 최소한 데카르트가 동물의 영혼과 감정을 부인함으로써 짐승-기계 논쟁에 불을 붙였다는 점은 분명하다.

데카르트주의자들, 아리스토텔레스주의자들, 그리고 경험론자들

로젠필드는 데카르트주의자들이 일반적으로 데카르트의 동물 자동기계설에 "동물들의 훈련에서의 동물 정기의 역할에 관한 더 상세한 설명"을 추가했다고 주장한다(Rosenfield, 1940, 1968, p.36). 예를 들어, 헨리쿠스 레기우스(Henricus Regius, Henri de Roy)는 "분수와 시계도 결국 유사하게 '훈련된다'"는 점을 지적함으로써 동물 훈련이 동물 지능을 나타낸다는 경험론자들의 생각을 논박했다(Rosenfield, 1940, 1968, p.30). 로젠필드는 또한 그라우 드 코르데모이(Graud de Cordemoy)가 어떻게 동물들의 놀라운 본능에 대한 기계론적 설명을 상세하게 제시했는지를 예시한다.

> 영혼이 없는 짐승들로부터 소리가 나오는 원인은 그저 이러하다. 심장 박동이 혈액의 순환을 야기하고, 그것은 또 동물 정기의 흐름을 유도한다. 동물의 두뇌는 인상들에 특별히 민감한 실체로 구성되어 있다. 예를 들어, 늑대가 짖을 때 울부짖는 소리가 근처에 있는 양의 귀에 소집되는 동물 정기들을 움직인다. 이것들은 두뇌에 그것들의 진동으로 부딪치고 근육들로 새로운 동물 정기의 흐름을 순환시켜 양들이

도망치게 만든다. 그 짐승을 도망치게 만든 똑같은 진동들이 그것들이 내는 울음소리를 야기한다. 사실상 그 짐승의 귀에 소리가 도달하자마자 그것의 발성 근육들은 이미 유사한 소리를 낼 준비가 되어 있다. 동물들은 따라서 동료들로부터 신호 보내는 법을 배운다. 이는 모두 순전히 비자발적 또는 기계적 과정이다(Rosenfield, 1940, 1968, pp.38~39).

그러나 데카르트주의자들의 이 모든 비-신학적 논증들은 취약하고 설득력이 떨어진다고 하지 않을 수 없다. 데카르트 스스로 그가 "아주 강력한 논증들에 의해 그것을 증명했다"고 주장했던 데 비춰 볼 때 특히 그러하다(AT 7:426; CSM 2:287). 래드너 부부가 지적했듯, 여기서 데카르트는 사고의 존재 여부를 가리는 두 가지 테스트, 즉 (1) 언어 테스트와 (2) 행동 테스트를 염두에 두고 있다. 동물들이 이 테스트들을 통과하지 못하도록 하기 위해서는 데카르트가 "사고"를 순수 사고 또는 사유로 협소하게 이해해야 했고, 넓은 의미로 이해할 경우에도 동물들이 생각을 결여한다고 결론짓기 위해서는 감각과 감정을 포함하는 온갖 종류의 사고 양태가 순수 사고를 필요조건으로 전제한다는 추가적 전제를 필요로 했다는 것이 래드너 부부의 설명이다(Radner & Radner, 1996, p.80).

동물 자동기계론에 가장 격렬하게 반응한 것이 아리스토텔레스주의자들이라는 사실은 전혀 놀랍지 않다. 왜냐하면 그 이론은 애당초 아리스토텔레스적 시스템 자체를 파괴할 의도를 갖고 고안되었기 때문이다. 로젠필드는 동물 자동기계론이 득세하면, 질료와 영(spirit) 사이 중간적 지위를 지니고 감각을 가능하나 반성은 불가능한 아리스토텔레스주의자들의 실체적 질료적 형상이 존재할 여지가 없어진다는 점을 지적한다(Rosenfield, 1940, 1968, p.80). 아리스토텔레스주의자들의 호전적 태도를 잘 보여 주는 사례로 로젠필드는 데카르트의 논적을 자임한 가브리엘 다니엘을 꼽았는데, 다니엘은 데카르트의 동물 자동기계론을 데카르트주의의 시금석으로 간주하면서 매우 영리한 전략을 취해 데카르트주의자들을 난처하게 했기 때문이다. 다니엘은 어떤 동물들의 운동은 기계적이라는 점을 시인하되 그것들의 모든 운동이 필연적으로 그래야 한다는 것은 부인했기 때문이다(Rosenfield, 1940, 1968, p.87). 다니엘은 인간에서의 불수의(不隨意)적 과정에 호소하는 데카르트의 논증에서 오류를 감지했다. 그 불수의적 과정들은 "모든 동물들의 기계론적 본성의 증거"일 수가 없고, 단지 "동물들에서의 어떤 기계론적 운동의 가능성"에 불과하기 때문이다(Rosenfield, 1940, 1968, pp.87~88).

로젠필드와 리처즈의 해석 모두에서 짐승-기계 논쟁의 궁극적 승자는 경험론자 또는 감각론자들인 것으로 보인다. 그러나 강조점에서는 미묘한 차이가 있다. 로젠필드의 해석에서는 아리스토텔레스주의자들과 경험론자들이 데카르트주의의 짐승-기계와 맞서 싸우는 연합군이다. 그 반면, 리처즈의 해석에서는 감각론자들의 데카르트주의자들과 아리스토텔레스주의자들에 대한 공격이 강조된다. 이는 정확히 어떻게 해서 경험론자들이 최후의 승리를 거두었는지에 관해 달리 이해할 여지가 있음을 의미한다. 로젠필드는 짐승-기계 논쟁에 참여한 경험론자들을 두 그룹으로 나누었다. 에피쿠로스주의자들과 자유사상가들.

어쨌거나 로젠필드와 리처즈 모두에서 "동물들과 인간은 오직 정도의 차이만 있을 뿐"이라는 가상디(Gassendi)의 테제가 동물들에 대한 경험적 태도 형성에서 가장 중요한 요인들 중 하나였다(Rosenfield, 1940, 1968, pp.110~111). 그 자신의 데카르트의 성찰에 대한 다섯째 반론들에서 가상디는 비록 짐승들이 인간들처럼 사유하지는 못하지만 그럼에도 불구하고 사유하고, 정도의 차이를 제외하고서는 그들의 지능과 우리의 지능 사이에 아무런 차이도 없다고 주장한다(Rosenfield, 1940, 1968, p.112). 가상디에 따르면, 인간의 영혼은 이중적이다. 영적인 영혼과 물체적 또는 감각적 영혼. 후자를 그는 동물의 영혼으로 지목한다. "데모크리토스적 원자론과 같은 노선에서 그는 동물의 영혼을 너무도 미세해서 눈으로 식별할 수 없는 물질적 원자들로 구성된 것으로 묘사했다"(Rosenfield, 1940, 1968, p.112).

참고문헌

박우석(2012). "수아레즈: 분수령인가 연결고리인가?", 《인문학연구》, 46, 147~189.

Cottingham, J.(1978). "A Brute to the Brutes: Descartes' Treatment of Animals". *Philosophy*, 53, 551~559.

Harrison, P.(1992). "Descartes on Animals", The Philosophical Quarterly 42, 219~227.

Park, W.(2012). "On Animal Cognition: before and after the Beast-Machine Controversy", in L. Magnani and P. Li(eds.), *Philosophy and Cognitive Science: Western and Eastern Studies, Sapere 2*, Springer, Heidelberg/Berlin, 53~74.

Park, W.(2022). "What Proto-logic Could not be", *Axiomathes*, 32, 1451~1482.

Richards, R. J.(1979). "Influence of Sensationalist Tradition on

Early Theories of the Evolution of Behavior", *Journal of the History of Ideas*, 40, 85~105.

Richards, R. J.(1981). "Instinct and Intelligence in British Natural Theology: Some Contributions to Darwins Theory of the Evolution of Behavior". *Journal of the History of Biology*, 14(2), 193~230.

Richards, R. J.(1987). *Darwin and the Emergence of Evolutionary Theories of Mind and Behavior*. Chicago: The University of Chicago Press.

Rosenfield, L. C.(1940, 1968). *From Beast-Machine to Man-Machine*, New and Enlarged Edition, New York: Octagon Books, Inc.

06
지식 표상의 형식 존재론

아리스토텔레스는 《범주론》에서 서양철학의 개념틀을 제시했는데, 여기서 각각의 범주는 유(類, genus)와 종(種, species)의 위계적 구조를 갖고, 이는 포르피리오스의 나무 그림으로 시각화되었다. 이에 대응하는 것이 지식 표상의 형식존재론이다. 존재자들의 위계 구조 속에서 인간, 동물, 천사, 인공물, 그리고 인공지능이 갖는 위치가 역사적으로 어떤 변천 과정을 겪었는지 살펴보는 일은 필수적 과제다.

AI와 민주주의?

지식 표상의 존재론

미지의 별로 탐사 로봇을 급파한다고 가정하자. 이 탐사 로봇 징기스는 어떤 지식 표상의 형식 존재론을 체화하고 있을까? 이런 사고실험은 컴퓨터과학학과의 정규 커리큘럼에 당연히 등장할 지식 표상(knowledge Representation) 과목의 첫날 강의에서 학생들의 관심을 촉발하기 위한 단골 소재이기 쉽다. 그러나 우리는 전통적으로 철학자들이 논리학과 존재론에서 다루었던 내용을 다시 발견하고 묘한 느낌을 받는다. 사고실험의 주인공이 로빈슨 크루소에서 화성 탐사 로봇 징기스로 바뀌었을 뿐이지 철학자들이 되풀이해서 논의해 온 케케묵은 문제 아닌가?

대니얼 데닛(Daniel Dennett)은 "'온톨로지(ontology)'는 '사물(thing)'을 나타내는 그리스어 '온토스(ontos)'를 어원으로 한다. 철학에서는 존재한다고 믿어지는 '것들'의 집합, 또는 어떤 이론에 의해 가정되거나 정의된 것들의 집합을 의미하기도 한다"고 설명하고 나서 이 용어가 "이 원초적 의미 너머로 확장되고 있다"고 주장한다. 그것이 "동물이 인식하고 그것에 관해 적절하게 행위할 수 있는 '사물들'의 집합"이나 "컴퓨터 프로그램이 작업하면서 적절하게 다룰 수 있는 '것들'의 집합"을 나타내는 데 사용되기도 한다는 것이다(Dennett, 2024, p.117).

현대의 컴퓨터과학자, 인공지능 연구자, 로봇 공학자들이 그들이 필수적으로 사용해야 하는 용어, 개념, 이론이 천 년 이상 철학에서 논의되어 온 것들이라는 사실에 알레르기 반응을 보인다는 사실은 실소를 금치 못하게 한다. 데닛은 어쩌면 이들 과학자와 공학자들 눈치를 보며 영리한 태도를 취한 것인지도 모른다. 원초적 의미가 확장되었다는 주장은 내포가 아니라 외연에 국한할 때만 지지될 수 있을 것이다. 그러나 '온톨로지'나 '존재론'의 의미가 궁금한 사람은 아마도 외연보다 내포에 관심이 있을 것이다. 현대 컴퓨터 과학과 인공지능, 그리고 로봇 공학에서 온톨로지가 도대체 무엇을 하기에 중요한지 궁금한 초심자와 문외한에게 이 분야들에서 논의되는 존재자들을 쭉 열거하는 일이 무슨 큰 의미를 지닐까?

그런 의미에서 존재론이 존재자들의 분류, 존재자들의 속성과 관계, 존재자들의 위계적 구조 등을 탐구함으로써 모종의 질서를 추구한다고 설명하고, 아리스토텔레스의 범주론, 포르피리오스의 나무, 칸트의 범주론을 비롯해 철학사에서 영향력을 행사해 온 다양한 존재론의 틀들을 몇 가지 소개하는 편이 학습 효과가 크리라 예상된다. 컴퓨터과학의 지식 표상으로 화제를 옮겨 가면 아마도 데이터베이스, 지식 기반, 또는 객체 지향 세계를 디자인하는 일에서 첫 단계가 적절한 존재론적 범주의 선택이라고 주장하는 존 소와(John Sowa)의 전례가 이런 생각을 더 확고하게 만들어 준다. 노자의 《도덕경》의 존재론에서까지 배우는 자세를 보이는 소와에 따르면, 범주는 데이터베이스 이론에서는 도메인, 인공지능 연구에서는 타이프, 객체 지향 체계들에서는 클래스라고 불리는데, 어떻게 부르든 간에 범주의 선택이 컴퓨터에 응용하는 데서 표상될 모든 것을 결정한다. 그리고 범주의 틀이 지니는 여하한 불완전성, 왜곡, 제한도 불가피하게 프로그램과 데이터베이스의 유연성과 일반성에 제한을 초래한다고 한다(Sowa, 1995).

나아가서 형식적 사유와 표상의 이분법이 인식론과 형식 존재론의 이분법과 상당히 유사하다는 데 주목한 니콜라 과리노(Nicola Guarino)의 전례를 따르는 것이 훨씬 생산적일 것 같다. 과리노는 인공지능 연구에서 이러한 이분법에 주목한 사례가 있었음에도 불구하고 기존 연구들이 대부분 사유의 측면에 집중됨으로써 그 이분법 자체가 무시되는 경향이 있었다고 주장한다. 사유의 본성에 훨씬 더 관심을 갖는 논리주의적 접근의 전통에서 수행된 실제 세계의 모델링이 지닌 한계에 대한 불만이 결국 그 이분법을 다시 주목하게 하고 사유에서 표상으로, 인식론적 문제에서 존재론적 문제로 관심의 이행을 초래했다는 것이 과리노가 그리는 큰 그림인 것 같다. 과리노처럼 20세기 논리학과 철학에서의 논의가 컴퓨터과학과 인공지능 연구와 상호작용을 통해 영향을 미친 사례들을 논의하는 것이 더욱 심원한 역사적 조망을 제공한다는 점은 자못 교훈적이다(Guarino, 1995, 1997).

소와의 공헌 중 가장 두드러진 것 중 하나는 그가 최상위(Top) 존재론과 영역(Domain) 존재론의 구별을 통해 존재론의 과제를 일목요연하게 설명해 주었다는 데 있다. 그의 설명에 따르면 다루는 영역에 따라 아주 다양한 도메인 존재론이 있을 수 있다. 예를 들어, 집의 존재론은 한옥, 양옥, 초가집, 엠파이어스테이트 빌딩, 백악관, 타지마할, 피라미드 등등 온갖 형태와 용도의 집들을 망라한다. 노래의 존재론에는 베토벤의 제9교향곡, 비틀즈의 예스터데이, 아리랑, 재즈, 가리온의 힙합 등 추억의 명곡들이 다 포함될 것이다. 그 반면, 최상위 존재론은 존재하거나 존재할 수 있는 모든 존재자들을 포괄하는 거대한 범위의 존재론이게 된다(Cocchiarella, 1995).

30년 전에만 해도 사용하는 프로그래밍 언어의 표현력의 한계뿐만 아니라 결정적으로 너무도 느린 컴퓨터의 연산 능력 탓에 더글러스 레나트(Douglas B. Lenat)와 라마나탄 구하(Ramanathan V. Guha)의 Cyc 프로젝트 따위 대규모 최상위 존재론의 실효성이 의문시되었지만, 획기적 발전에 의해 이 문제점이 해소된 지금에 와서 최상위 존재론이 각광받게 된 것은 매우 놀랍고도 바람직한 사실이다(Lenat & Guha, 1990).

로봇의 범주 발견

주지하듯, 아리스토텔레스의 《범주론》은 후대에 오르가논이라는 이름으로 한데 묶인 그의 논리학 저술들 중 첫 번째 책이다. 여기서 아리스토텔레스는 실체, 양, 질, 관계, 장소, 시간, 자세, 소유, 능동, 수동이라는 열 개의 범주를 도입했고, 이것들 각각은 유와 종의 위계적 구조로 이루어져 있다. 그러나 아리스토텔레스는 범주론 외에도 《형이상학》, 《토피카》 등 다른 논저에서도 범주들을 다루었고 그것들의 수는 들쭉날쭉했다.

아리스토텔레스가 논리학과의 밀접한 연관 관계 속에서 존재론적 범주들을 도입했다는 데는 의문의 여지가 없으나 논리학과 존재론적 범주들 사이에 정확히 어떤 관계가 상정되었는지에 대해서는 명쾌하게 해명된 바가 없다(Newman, 2008; Gorman & Sanford, 2008; Haaparanta & Koskinen, 2012). 중세철학자들에 의해 아리스토텔레스의 열 개의 범주에 관해 범주들의 충분성 논쟁(Sufficientia praedicamentorum)이 격렬하게 벌어진 원인도 결국 여기에 기인한다. 우선 13세기 후반에 널리 받아들여졌고 아퀴나스에게서 가장 정교하게 제시되었던 해결책은 범주들을 술어가 주어에 귀속되는 양태들로부터 도출하는 것이었다. 조르지오 피니(Giorgio Pini)에 따르면, 아퀴나스는 술어화(predication)의 양태와 존재의 양태 사이에 대응 관계가 존재한다는 원리에 근거해서 술어는 열 가지 다른 방식으로 주어에 귀속될 수 있으므로 열 개의 다른 존재 양태가 있다(Pini, 2003, pp. 25~26).

그 반면, 둔스 스코투스는 여러 가지 점에서 통설과 다른 견해를 표명했다. 그는 이 논쟁에 얽혀 있는 세 가지 다른 문제들부터 구별해야 한다고 생각했다.

> 첫째, 열 개의 범주, 그리고 오직 열 개의 범주만 있는지를 물을 수 있다. 둘째, 충분성(논쟁)의 쟁점이 논리적 쟁점인지, 즉 범주들의 목록의 정당화를 제공하는 것이 논리학자

의 소관인지를 물을 수 있다. 셋째, 범주들의 정당화, 즉 열 개의, 그리고 오직 열 개의 범주가 있다는 증명을 제공한다는 것이 가능한지를 물을 수 있다(같은 논문, p.28).

스코투스는 열 개의 범주를 갖는 아리스토텔레스의 목록이 적절하다고 생각했지만, 이 논쟁이 논리학자의 소관이 아니고, 따라서 범주들의 충분성 증명은 불가능하다는 독창적인 입장을 취했다(같은 곳).

그러나 논리학에 기대지 않는 한 범주들을 어떻게 도출할 수 있겠는가? 칸트의 선험적 연역도 판단의 논리적 형식들에 대응해서 이루어지지 않았는가? 스코투스의 견해는 존재론적 범주들을 논리학으로부터 도출하는 통설에 도전할 여지가 있음을 보여 주었다는 점에서 중요한 의의를 지닌다고 여겨진다. 그리고 후기 퍼스의 범주론은 경험적이고 현상학적인 범주 도출을 시도했다는 점에서 스코투스의 맥을 잇는 획기적 시도로서 재조명될 가치를 지닌다고 본다(Gartenberg, 2012, p.584). 초기 퍼스와 후기 퍼스의 연속성을 포함해서 난관이 중첩되 있지만, 이런 가능성을 거론하는 것은 AI 로봇이 비지도 학습 과정에서 범주들을 경험적으로 발견해 나갈 가능성이 매력적이기 때문이다.

참고문헌

박우석(2002). "지식공학의 형식존재론", 《과학철학》, 8, 111~133.

Cocchiarella, N. B.(1995). "Knowledge Representation in Conceptual Realism", *International Journal of Human-Computer Studies*, 43(5~6), 697~721.

Dennett, D.(2017). *From Bacteria to Bach and Back*. 신광복 옮김(2022), 《박테리아에서 바흐까지, 그리고 다시 박테리아로》, 서울: 바다출판사.

Gartenberg, Z. M.(2012). "Intelligibility and Subjectivity in Peirce: A Reading of His 'New List of Categories'", *Journal of the History of Philosophy*, 50(4), 581~610.

Gorman, M., & Sanford, J. J.(eds.)(2019). *Categories: Historical and Systematic Essays*, Washington, D.C.: The Catholic University of America Press.

Guarino, N.(1995). "Formal Ontology, Conceptual Analysis and Knowledge Representation", *International Journal of Human-Computer Studies*, 43, 625~640.

Guarino, N.(1997), "Understanding, Building and Using Ontologies", *International Journal of Human-Computer Studies*, 46, 293~310.

Haaparanta, L., & Koskinen, H.(eds.)(2012). *Categories of Being: Essays on Metaphysics and Logic*, Oxford: Oxford University Press.

Lenat, D. B., & Guha, R. V.(1990). *Building Large Knowledge-Based Systems*, Reading, MA: Addison-Wesley

Publishing Company.

Newman, L. A.(ed.)(2008). *Medieval Commentaries on Aristotle's Categories*, Leiden: Brill.

Pini, G.(2003). "Scotus on Deducing Aristotle's Categories", in J. Biard and I. Rosier-Catach(eds.), *La Tradition Medievale des Categories* (XIIe-XVesiecles), Louvain: Peeters, 23~35.

Sowa, J. F.(1995). "Top-level Ontological Categories", *International Journal of Human-Computer Studies*, 43, 669~685.

07
자연종과 로봇종

오늘날의 로봇종과 신인류, 그리고 트랜스휴머니즘에 관한 뜨거운 철학적 논의는 다윈 덕에 자연종의 영구성에 대한 신념이 붕괴됨으로써 가능해졌다. 더 최근의 컴퓨터 혁명이 생태계 자체를 변모시키면서 인간-컴퓨터 상호작용뿐만 아니라 인간-로봇 상호작용을 심각한 의제로 부각시키는 것은 시간 문제였던 셈이다. 킬러 로봇 드론의 윤리학과 존재론은 SF 소설 작가에게만 맡겨 둘 수 없는 우리 모두의 절실한 철학적 과제다.

AI와 애니메이션?

로봇종의 탄생

폴 태거드(Paul Thagard)는 주어진 틀 안의 단순한 믿음 수정보다 훨씬 더 급진적인 개념적 변화(conceptual change)를 정도에 따라 아홉 가지 종류로 구별했는데, 거기서 가장 대규모 변화 유형이 (다른) 가지로 뛰기(branch jumping)와 나무 바꾸기(tree switching)이고, 그 대표적 사례가 다윈의 진화론 혁명이다(Thagard, 1992, pp.35~37). 다윈의 혁명이 과학사상의 대표적 개념 혁명들 가운데서도 가장 극단적인 사례 중 하나인 까닭은 그것이 아리스토텔레스 이래로 아무런 의심 없이 암묵적으로 가정되어 온 종(種)의 영원성 자체를 물리치기 때문이다. 그렇다면 로봇 공학의 눈부신 발전에 따라 등장한 로봇종이라는 개념은 어떤 종류의 개념 변화라고 할 수 있을까? 로봇종의 탄생이 신상규가 주장하듯 "인류의 역사에서 전례를 찾기 힘든 미증유의 사건"(신상규, 2012, p.193)이라면, 로봇종 개념의 출현은 그 무엇보다도 극단적인 개념 변화일 것이 분명하다.

신상규는 트랜스휴머니즘을 다소 추상적으로 "인류가 과학기술의 수단을 이용하여 진화에 의해 주어진 생물학적 운명 혹은 한계를 넘어서야 한다는 주장"이라고 소개한다(같은 논문, p.190). 스스로도 이런 소개가 독자들의 마음에 와닿지 않을 위험성을 직감했는지 그는 즉각 "이러한 주장을 옹호하는 이른바 트랜스휴머니스트들은 현재 인간 종의 모습이 종 발전의 궁극적인 형태가 아닌 상대적으로 진화의 초기 단계에 있다고 생각"한다고 부연 설명을 하고 나서 대표적 트랜스휴머니스트 중 하나인 닉 보스트롬(Nick Bostrom)의 정의를 인용한다.

(트랜스휴머니즘은) 노화를 제거하고, 인간의 지성적 · 육체적 · 심리적 능력을 향상시키는 기술을 개발하고 확대함으로써 인간 조건을 근본적으로 향상(enhancement)시키는 것의 가능성과 그 바람직함을 긍정하는 지적 · 문화적 운동(이다)(같은 곳).

신상규는 이어서 보스트롬이 트랜스휴머니즘을 "전통적인 의미의 휴머니즘과 동일선상에 놓여 있(다)"고 생각하고 "단지 우리 인간이 어떤 존재가 될 수 있는지의 잠재성에 초점을 맞추고 있을 뿐"이라고 주장한다고 보고한다. 그뿐만 아니라 신상규는 트랜스휴머니즘에 대한 편견을 불식시키기 위해 "오늘날 이루어지고 있는 생명 의료 분야의 많은 연구들이 그러한 생각을 암묵적으로 선제하고 있(다)"고 프랜시스 후쿠야마(Francis Hukuyama)가 적절하게 지적한 바를 보고했다. 그리고 이런 배경 아래서 신상규는 "비단 생명공학 기술뿐 아니라, BNIC 기술로 불리는 첨단의 과학기술들이 결합하여 지금과 같은 수준으로 계속 발전한다면, 인간의 변형이나 향상에 대한 트랜스휴머니즘의 주장이 현실로 실현될 확률은 일견 우리가 생각하는 것보다 훨씬 높을 가능성이 크다"는 사실을 적시하기에 이른다(같은 논문, p.192. 여기서 BNIC 기술은 생명공학 기술, 분자나노 기술, 정보 기술, 인지과학을 가리킨다). 신상규에 따르면, 이 기술은 "현재의 생물학적 인간종과 구분되는 새로운 종으로서의 '포스트휴먼'의 탄생을 가능하게 할 잠재력을 가지고 있는 기술들이다(같은 곳).

인간-로봇 상호작용

미처 준비되지 않은 채로 인공지능의 시대에 내던져진 우리 모두가 컴퓨터과학자나 인공지능 연구자는 아니다. 따라서 대부분의 사람들이 인공지능에 대해 갖는 관심은 컴퓨터 아키텍처나 알고리즘 따위가 아니라 인간-컴퓨터 상호작용(HCI, Human-Computer Interaction)에 집중되기 쉽다. 그러나 채 익숙해지기도 전에 우리는 곧 들이닥칠 미래에 넘볼 수 없을 만큼 우리보다 우월한 AI 휴머노이드 로봇들과의 경쟁에서 생존할 가능성을 걱정하지 않을 수 없는 처지가 되었다(장강명, 2025). 원하든 원하지 않든 그들과 함께 어울려 살아야 하므로 자연스레 인간-로봇 상호작용(HRI, Human-Robot Interaction)에 대해 숙고하지 않을 수 없게 된 것이다.

20여 년 전 브룩스가 개발한 로봇들 중 키스멧(Kismet)이 깜찍한 표정을 통해 신시아 브리질(Cynthia Breazeal) 등 MIT의 로봇 공학자들과 교감하는 동영상을 감상하면서 인간-로봇 상호작용이 무엇이고 사회성 로봇(social robot)이란 어떤 것을 말하는지 막연하나마 개념을 잡을 수 있었다. 그러나 그때만 해도 키스멧이 마치 인간의 감정을 느끼는 것처럼 보이도록 만든 연구진의 솜씨에 감탄했던 것이지, 실제로 키스멧과 브리질이 진정한 의미에서 교감하며 대화를 나누고 있다고는 꿈에도 생각하지 않았다. 그러나 이제 와서는 정말 심각하게 로봇과 인간이 상호작용하는 데서 발생할 수 있는 온갖 가능한 시나리오를 그리고 거기에 대비하지 않을 수 없게 되었다. 섹스 로봇 문제가 이러한 상황을 단적으로 보여 준다.

국내 철학자들 중 섹스 로봇의 문제를 천착해 온 김태

경의 일련의 논문들을 보면 섹스 로봇에 관한 논쟁이 대단히 빠른 속도로 전개되면서 복잡성을 더해 가고 있다는 사실을 확인할 수 있다. 우선 김태경은 "미국인의 50%가량은 앞으로 50년 내에 로봇과 성관계를 맺는 일이 일상화될 것이라고 전망"한 2017년 한 미국 리서치 기관의 조사를 보고한다거나 "2017년부터 2019년까지 진행되었던 리얼돌 수입업체와 인천 세관의 재판 과정"을 요약해서 보고함으로써 섹스 로봇 문제의 잠재적 폭발력을 짐작하게 해 준다(김태경, 2020, p.61). 그뿐만 아니라 섹스 로봇 문제와 관련하여 진행 중인 논쟁에서 사용되어 온 논증들을 김태경이 분석한 바를 보면 그 정교함과 복잡성에 혀를 내두르게 된다. 한마디로 보통 사람이 감당하기 어려운 논증들이 개입되는 고난도의 사회적, 법적, 윤리적 문제들이 섹스 로봇을 통해 순식간에 우리 모두를 급습한 상황이다. 다음의 논증이 이러한 상황을 파악하는 데 충분한 자료가 되어 준다.

1) 리얼돌과 섹스로봇은 오로지 자신의 욕망만을 실재하는 것으로 여기는 성적 유아론을 구축하는 장치다.
2) 성적 유아론적 관점에서 보면, 성적 대상의 욕망과 관점의 실재성이 제거된다.

3) 만일 2)라면, 인간의 인권을 침해하는 것으로 이어진다.

4) 따라서, 이러한 인공물의 제작과 사용은 반드시 막아야 한다(같은 논문, p.71).

김태경이 적절하게 지적하듯, 이 논증이 옳다면, "리얼돌과 섹스로봇의 상용화 문제는 잠정적으로 인간을 성적 욕망과 관점의 실재성이 모두 제거된 무자비한 성적 폭력의 피해자로 만들게 될 가능성을 낳게 된다"(같은 곳).

인간-로봇 상호작용에서 제기되는 윤리적 문제들의 심각성을 체감하는 데에 섹스 로봇으로도 부족하다면 대뜸 킬러 로봇 드론이 자율성까지 획득한 상황을 상상하면 될 것이다. 진짜 생사가 걸린 심각한 윤리적 문제니까. 지극히 당연한 일이지만 인간-로봇 상호작용이 일어날 가능한 상황은 쉽게 정형화할 수 없을 만큼 다양하다. 커뮤니케이션북스의 인공지능총서가 1년 남짓한 사이에 500권이 넘는 단행본들을 발간했다는 사실도 놀랍지만, 그중 인공지능 연구자인 컴퓨터과학자나 로봇 공학자가 저술한 책은 전체의 10%도 되지 않으리라 짐작된다. 나머지는 십중팔구 인공지능-인간 상호작용이나 로봇-인간 상호작용을 다룬 것들이라 해도 과장이 아닐

것이다. 그중 인공지능과 로봇의 윤리학 또는 존재론과 관련된 철학 논저들도 상당수에 달한다. 아마도 현재 상황에서는 브룩스처럼 인간-로봇 상호작용을 인간-로봇 커뮤니케이션, 협력, 공존으로 세분화하고 그에 따라 포착된 인간-로봇 상호 작용 사례들을 분류해 보는 노력이 필요할 것 같다(Brooks, 2005, p.75)

참고문헌

김태경(2020). "리얼돌과 섹스로봇의 상징성 문제", 《과학철학》 23권 3호, 61~86.

신상규(2012), "트랜스휴머니즘, 세상에서 가장 위험한 생각?", 《철학논집》, 29, 189~217.

장강명(2025). 《먼저 온 미래: AI 이후의 세계를 경험한 사람들》, 서울: 동아시아.

정대현(2025). 《로봇종 인간, 자연종 인간》, 서울: 커뮤니케이션북스.

D'Aluisio, F.(2000). *Robo Sapiens: Evolution of a New Species.* 신상규 옮김(2002), 《로보 사피엔스: 새로운 종의 진화》, 서울: 김영사.

Bostrom, N. "Transhumanist FAQ", http://www.nickbostrom.com/

Brooks, R.A.(1999). *Cambrian intelligence: The early history of the new AI,* MIT press.

Brooks, R.(2002). *Flesh and Machines: How Robots Will Change Us.* 박우석 옮김(2005), 《로드니 브룩스의 로봇 만들기》, 서울: 바다출판사.

Hukuyama, F.(2004). "Transhumanism", *Foreign Policy*, 144, 42~43.

Moravec, H.(1990). *Mind Children*, 박우석 옮김(2011), 《마음의 아이들》, 서울: 김영사.

Rus, D., & Mone, G.(2024). *The Heart and the Chip*. 강성훈 옮김(2025), 《천재 로봇공학자 다니엘라 루스의 MIT 로봇 수업》, 서울: 김영사.

Thagard, P.(1992). *Conceptual Revolutions*, Princeton University Press.

Thomson, E., & Piccinini, G.(2018). "Neural Representations Observed", *Minds and Machines*, 29, 191~235.

08
뉴런의 발견에서 신경 표상까지

로봇에 생물학적 뇌를 장착시키려는 프로젝트는 인공지능 연구과 뇌과학의 밀접한 공조와 융합을 요구한다. 19세기 뉴런의 발견과 20세기 fMRI를 이용한 연구가 어떻게 오늘날 최첨단 뇌과학 연구를 가능하게 했는지 되돌아볼 필요가 있다. 아울러 최근 널리 이루어지고 있는 신경 표상에 관한 연구가 철학적으로 어떤 의의를 지니고 있고, 성공적일 경우 미래 과학에 어떤 파장을 일으킬지를 전망해 본다.

AI와 인재 채용?

"의식"은 금기어

한정규는 "인공지능의 등장과 함께 의식 연구는 더욱 중요한 문제로 떠오르고 있다"고 본다(한정규, 2025, p.vii). 왜, 어떤 근거에서 그렇게 볼 수 있을까? 그 이유 또는 근거를 그는 이렇게 제시하는 것으로 보인다.

> 지금 우리는 단순한 신경 신호의 집합체에 불과한 존재인지, 아니면 보다 깊은 본질을 지닌 존재인지에 대한 근본적인 물음 앞에 서 있다. 인공지능과 의식의 문제는 단순히 기술 발전에 따른 도전이 아니라 인간이 자기(self)를 이해하는 문제이기도 하다(같은 곳).

그 결과 그는 의식 연구와 인공지능 연구는 "서로 영향을 주고받는 수준을 넘어", "함께 수행"해야 하고, 궁극적으로는 "하나로 융합되는 방향으로" 나아가리라고 예상한다(같은 곳). 그리고 이런 사고의 흐름 기저에는 의식 연구와 인공지능 연구를 함께 수행한다는 것은 "의식을 물리적 현상으로 전제하고, 과학적 탐구의 대상으로 삼는 접근 방식"이라는 그의 신념이 자리하고 있다(같은 곳).

한정규는 신경과학자이자 실험과학자로서의 정체성

을 유지하면서도(같은 책, p.x), 인지신경과학 연구가 활발해져 "의식이 작동하는 메커니즘을 연구하는 흐름이 강화되면서 정작 의식이란 무엇인지 밝히려는 치열한 철학적 논쟁이 점차 사라졌다는 사실"을 아쉬워한다.(같은 책, pp.x~xi) 이러한 내면의 긴장 또는 갈등을 그는 "신경과학 연구자의 좌충우돌"로 묘사하기도 하고, 의식 연구를 "오래된 (그러나) 깨고 싶은 금기"로 특정하기도 한다(같은 책, p.2, 5). 자연스럽게 그는 철학 문제로서의 의식과 과학 문제로서의 의식을 첨예하게 구별하고, 후자를 다시 데이터 기반 접근법과 이론 기반 접근법으로 구별한 다음 최근의 대세인 "이론으로부터 풀어내는 의식 과학"을 표방하고자 한다(같은 책, pp.51~61). 흥미로운 점은 그가 데이터 기반 접근법을 실험심리학과 신경과학에 의한 연구로 규정하고, "방대한 데이터를 해석하는 틀을 제공하며, 의식을 물리적 대상으로 보고 물리 법칙 내에서 탐구"하는 이론 기반 접근법을 지향한다는 사실이다(같은 책, p.51). 이 이론 기반 접근법에서 인공지능 연구는 어떤 역할과 기능을 담당하는가?

신경 표상 연구의 철학적 함축

얼핏 한정규가 지적한 의식 연구를 알게 모르게 기피하

는 현상이 자칫 사이비 과학에 빠질까 두려워하는 신경과학자들에게 국한된 것으로 여길지도 모르지만, 이런 조심스러움은 심리철학자들에게서도 마찬가지로 발견된다. 심리철학 전문가는 물론 아니지만 철학의 다양한 분야에서 제기되는 문제들을 거리낌 없이 다뤄 온 나부터도 의식의 문제에는 감히 도전할 용기가 없었다. 종잇장 한 장 차이나 있을까 싶게 난해한 지향성이나 표상 문제만 해도 그런 심리적 장애물로 차단되지는 않았다. 이런 사정은 신경과학자나 심리철학 전공자들에서도 마찬가지인지 최근 신경 표상 문제에 그들이 보이는 관심이 뜨겁다. 심적 표상 대신 신경계에서 그것에 대응되는 상관자로서 신경 표상을 도입하려는 시도에 훌륭한 동기가 있는 것일까? 설사 충분한 동기 부여를 받는다 하더라도 신경 표상들에 대한 직접적 관찰이나 실험을 통한 증거를 제공할 수 있을까? 만일 그렇지 못하다면, 그것들은 그저 이론적 공준(公準, postulate)에 지나지 않는가?

표준적 신경 표상의 정의는 아직 정립되지 못했지만, 출발점으로 삼을 수 있을 만한 다수의 연구자들이 공유하는 개념은 존재한다. 예를 들어, 오리 하코헨(Ori Hacohen)은 알렉스 모건(Alex Morgan)과 구알티에로 피치니니(Gualtiero Piccinini)가 "공유된 개념"이라 부른 바에서 출발한다.

이 요약이 아주 많은 차이점들을 빠트리고 있는 반면, 지향성의 자연화 지지자들은 자연주의적 내용 이론이 갖춰야 할 모습에 관해, 그리고 실로 지향성의 본성 자체에 관해 공유된 개념에 도달했다. 그들은 지향성을 어떤 내적 상태 – 하나의 표상 – 와 그 내적 상태가 그것에 반응하는 기능을 갖거나 추적하는 어떤 동떨어진 존재자 사이의 특별한 종류의 인과적-정보 관계로 개념화했다. 만일 그 내적 상태가 그 존재자를 추적하는 데 실패하면, 그것은 부정확하거나 잘못된 것으로 평가될 수 있다(Morgan & Piccinini, 2018, p.128; Hacohen, 2022, p.702).

그리고 하코헨은 그 공유된 개념의 핵심을 이렇게 간략하게 정의한다.

(*) X의 한 표상은 X를 추적하는 기능을 갖는다.

"헤라클레스의 하나의 표상인 헤라클레스 동상은 헤라클레스를 추적하는 기능을 갖는다"나 "적토마의 하나의 표상인 '적토마'는 적토마를 추적하는 기능을 갖는다"

같은 예문에서 보듯 이 공유된 개념은 어느 정도 잘 작동하는 듯하다. 따라서 그 공유된 개념에서 핵심적 역할을 하는 추적하기(tracking)과 기능(function)에 관한 후속 연구를 통해 궁극적으로 신경 표상의 훌륭한 정의에 접근해 가야 한다.

결국 최근 이루어진 신경 표상 연구는 심리철학의 표상 연구를 주도하고 있는 목적의미론(teleosemantics)에서 표상이 만족해야 할 요건들을 원용하여 신경계 내의 상관자를 포착하려는 시도인 것으로 보인다. 그러나 추적의 출발점인 언어적 표상으로서 '적토마', 심적 표상으로서 나의 적토마 심상, 회화적 표상으로서 귀 자른 빈센트 반 고흐의 초상화, 조각 표상으로서 헤라클레스 동상 모두 표상의 대상을 추적하는 기능을 하는 것이 분명한 반면, 이것들에 대한 신경 표상은 출발점을 특정할 수 없으므로 과연 추적 기능을 할 수 있을지 의문이다.

톰슨(Thomson)과 피치니니는 감각 표상과 운동 표상을 구별하고 다음과 같이 정의한다.

(SR) 한 에이전트의 표상 체계 R 내에서 어떤 상태(또는 신호) S가 P를 직설적으로 표상한다는 것은 R의 한 기능이 S가 P와 S가 사실 P에 관한 그 에이전트의 행동을 인도할 수 있

다는 자연적 의미론적 정보를 나르도록 하는 방식으로 S를 산출하는 것이라고 정의된다.

(MR) 한 에이전트의 표상 체계 R 내에서 한 상태(또는 신호) S가 P를 명령법적으로 표상한다는 것은 R의 한 기능이 S가 P라는 것을 야기하도록 하는 방식으로 S를 산출하는 것이라고 정의된다(Thomson & Piccinini, 2018, p.195).

스스로 귀를 자르고 자화상을 그림으로써 미풍양속을 해쳤다는 혐의로 빈센트 수배령에 그 자화상을 포함시켰다고 가정하자. 이 상황을 (SR)에 대입하면, 간단히 말해 탐정 홈스에게 수배자의 몽타주를 보여 주어 그것에 대응하는 심상을 갖도록 한 상황이다. 홈스는 자신의 빈센트 자화상 심상(Sh)에서 출발해서 빈센트(P)를 추적할 수 있고, 표상에 관해 공유된 개념에 따라 빈센트의 한 표상(S, 빈센트의 자화상 또는 홈스의 빈센트 자화상 심상)은 빈센트를 추적하는 기능을 갖는다. 운동 표상의 정의를 이해해 보려다 좌절하고 만다. 감각 표상, 운동 표상 등 신경 표상의 정의들에 사용된 기호 P, R, S에 어떤 상황들을 대입하면 자율적 섹스 로봇이나 자율적 킬러 로봇 드론과 인간 사이의 상호작용에서 제기되는 진짜 윤리적, 존재론적 문제가 명료하게 정식화될지 궁리하는 일은 결코 한가한 안락의자 철학도의 소일거리가 아니다.

참고문헌

한정규(2025). 《인공지능과 의식》, 서울: 커뮤니케이션북스.

Bechtel, W., & Huang, L. T. L.(2022). *Philosophy of Neuroscience*. Cambridge University Press.

Chirimuuta, M.(2024). *The Brain Abstracted: Simplification in the History and Philosophy of Neuroscience*. MIT Press.

Craver, C. F.(2007). *Explaining the brain: Mechanisms and the mosaic unity of neuroscience*. New York: Oxford University Press.

Damasio, A.(2021). *Feelng and Knowing*, 고현석 옮김(2021), 《느끼고 아는 존재》, 서울: 흐름출판.

Hacohen, O.(2022). “What Are Neural Representations? A Cummins Functions Approach”, *Philosophy of Science*, 89, 701~720.

Shea, N.(2018). *Representation in Cognitive Science*, Oxford University Press.

Shea, N.(2024). *Concepts at the Interface*, Oxford University Press.

09

AI 로봇 공학 현황

인공지능 연구와 로봇 공학은 독자적인 역사적 전통을 갖고 있지만 불가분의 밀접한 관계를 맺어 왔다. 인공지능 로봇 공학이라는 연구 분야가 전혀 낯설지 않게 된 오늘날에 와서는 왜 양자의 융합이 필연적으로 요구되었는지를 이해하기 위해 인공지능 연구가 구체적으로 어떤 특정 분야에서 어떤 핵심적 역할을 하고 있는지를 면밀하게 검토할 필요가 있다. 가장 유망한 연구 그룹들에서 가장 절실한 미해결 문제들에 대해 어떤 도전이 이루어지고 있는지 몇 가지 사례를 살펴볼 것이다.

AI와 기자?

인공지능 연구와 로봇 공학

2025년 현 시점에서 AI 로봇 공학은 어디쯤 와 있고, 또 어디를 향해 가고 있는가? 작년에 나온 루스의 책과 올해 나온 브룩스의 책에서 이 질문에 대한 답을 추출해보도록 하자(Rus & Mone, 2025; Brooks, 2025b). 로봇 공학 분야에서 MIT의 위상은 옛날이나 지금이나 매한가지로 가히 절대적인데, 루스와 브룩스 두 사람 모두 로봇 공학자라는 점이 흥미롭다. 처음부터 "생각하는 기계"를 꿈꾸었던 것이므로 인공지능 연구와 로봇 연구는 떼려야 뗄 수 없는 관계에 있다. 그러나 인공지능의 역사나 로봇의 역사를 훑어보면 마치 인공지능의 연구와 로봇의 연구가 따로따로 이루어져 온 것처럼 여겨지기도 한다. 예컨대 알파고가 온 세상을 놀라게 했을 때 딥마인드가 내세운 것은 인공지능, 기계학습, 심층학습, 비지도학습, 신경망, 뇌과학이었지 결코 바둑 두는 로봇이 아니었다. 역으로 알파고가 나오기 전 이루어진 로봇 공학의 혁신도 컴퓨터 바둑 연구와는 아무런 상관도 없었다. 알파고 충격은 삽시간에 온 세상을 인공지능의 시대 한복판으로 떠밀어 넣었다. 교육, 문화, 경제, 아니 국정 운영 전반을 인공지능이 좌지우지하는 것을 넘어 전 세계가 인공지능 개발 경쟁으로 몸살을 앓고 있다(장강명, 2025). 데미스

허사비스(Demis Hassabis)가 존 점퍼(John Jumper)와 함께 알파폴드를 개발한 공으로 노벨 화학상을 수상하는 영예를 안고 구글에서 AI 분야를 총괄하는 지위에 오르는 등 신화는 계속 쓰이고 있지만 구글 딥마인드가 로봇 공학에 총력을 기울인다는 뉴스는 아직 접하지 못한 것 같다.

한편 불과 몇 년 사이에 인공지능, 기계학습을 전면에 내세우지 않는 로봇 공학 연구는 전무하게 되었다고 단언해도 좋을 것이다. 루스와 브룩스도 예외가 아니다. 브룩스가 올해 낸 책은 제목 자체도 "인공지능 로봇(Artificial Intelligence Robot)"이고, 내용도 로봇보다 AI에 비중을 둔 느낌을 준다. 루스의 책 또한 인공지능 이야기에 상당한 지면을 바쳤다고 할 수 있다. 그렇다면 컴퓨터과학, 인공지능, 로봇 공학 전문가들로 이루어진 연구 커뮤니티 내에서 알파고 충격 이후 인공지능이 주도권을 쥐게 되었다고 판단해도 무방할까? 인공지능에서의 혁신으로 인해 생성형 인공지능, LLM, 챗GPT 등 지난 몇 년 사이에 인구에 회자된 기억을 상기해도 그런 판단에는 상당한 근거가 있어 보인다.

그러나 최근 인공지능 에이전트를 거론하는 것을 넘어 차세대 인공지능 연구의 키워드로 "피지컬 AI"를 내세우는 추세를 보면 로봇 공학자들이 인공지능에 주도권을 내어주었다고 판단하는 것은 자칫 경솔한 처사일 수 있다. 최근 브룩스가 개인 블로그에 올린 글을 보면 지난 10년간 인공지능 연구에서 이룩한 성과를 마지못해 어느 정도 인정하고 로봇 공학에 그 성과를 최대한 이용하려 하면서도 애써 자세한 언급을 자제하거나 경우에 따라 폄하하는 듯한 발언을 통해 자존심 싸움을 계속하고 있는 듯한 느낌을 받게 된다. 예를 들어, 브룩스는 주기적이라고 할 만큼 되풀이해서 등장하는 인공지능 관련 과대광고(hype) 사례 중 하나로 강화학습(reinforcement learning)을 드는데, 이는 도널드 미치(Donald Michie)에 의해 1959년에 처음 등장한 이후 1980년대에 두 차례 더 등장했고, 2016년에 알파고를 통해 재등장했다는 것이다. 그리고 이는 신경망, 자율주행차, 의료 AI 등의 경우에도 마찬가지라는 것이다(Brooks, 2025b).

그럼에도 불구하고 브룩스는 AI가 전통적인 프로그래밍이 효과적으로 다룰 수 없는 복잡한 과제들을 로봇들이 수행할 수 있게 해 줌으로써 로봇의 성능을 향상시켰고, 컴퓨터 비전, 자연언어 처리(NLP), 그리고 운동 계획하기 등이 로봇의 자율성을 개선해 주었다고 본다(같은 책, p.15). 과거에 인지를 아예 빼 버리자고 제안했던 그가 환경 지도화, 대상 재인, 경로 계획 등을 포함한 로봇 인지 연구가 로봇이 주위 환경 속에서 운행하고 상호작용하도록 해 준다는 점을 인정한다는 것은 짚어 둘 만하다. 그리고 그는 실재하는 바깥세상에의 응용 분야로 자율주행차, 로봇 조수, 산업 자동화, 의료 로봇 공학을 꼽았다(같은 곳). 역사상 로봇을 가장 많이 판매한 사람의 견해이므로 이런 관찰은 상당한 무게를 지닌다.

설명 가능한 AI 로봇의 의사 결정

인공지능과 로봇 공학 양쪽 모두에서 문제되는 설명 가능성이 결국 현 상황에서 미래를 내다보면서 AI 로봇 공학 철학이 해결할 최우선 과제다. 설명 가능하지 않은 신경망의 소위 '블랙박스' 특성은 분명히 편향을 제거하는 데 어려움을 제공한다.

> 수백만 또는 수십억 개의 매개 변수 간의 복잡한 상호작용이 어떤 과정을 거쳐 출력을 만들어 내는지 알 수 없다는 블랙박스 현상은 특정한 명시적, 비명시적인 편향을 분리하고 그것을 제거하기 어렵게 만든다(김효은, 2025, p.84).

루스 또한 현재 AI 로봇이 설명 가능하지 않다는 점을 심층신경망 같은 기계학습 엔진의 한계로 지적한다. 어떻게 해서 특정 예측이나 결론에 도달했는지 알 수 없을 뿐만 아니라 그것들이 항상 올바르다는 보장도 없다는 것이다. 루스는 매우 수사적으로, 기계학습 시스템이 휴가 사진을 분류하고 제목을 붙일 때 범하는 잘못은 대수롭지 않게 웃어넘길 수 있지만 자율주행차가 오류를 범하는 일은 결코 용납할 수 없다는 데 우리의 주의를 환기한다.

> 이들이 특정한 결정을 내리거나 엉뚱한 실수를 하는 이유를 이해해야 한다. 그렇게 함으로써 일정 수준의 예측 가능성과 안전성, 그리고 성능을 보장받을 수 있고, 문제가 발생했을 때 로봇이 왜 잘못된 선택을 내리거나 잘못된 행동을 했는지 이해할 수 있다(Rus & Mone, 2025, p.231).

루스는 원래 제목이 《마음과 칩(The Heart and the Chip)》인 책 전체를 통해 기회 있을 때마다 기계의 칩에 인간의 마음을 담아야 한다는 소신을 피력했다. 솔깃해지는 만병통치약 광고 카피 문구로서 홍보 효과는 클지 모르지만, 칩에 인간의 마음을 담는다는 것이 무엇을 뜻하는지는 분명치 않다. 예를 들어, 트롤리 문제에 대한 루스의 입장은 “로봇이 강력한 인지 능력과 제어 능력을 가지고 있다면, 두 집단의 사람들을 감지하고 정지할 수 있는 능력을 갖추었을 것이므로 선택의 기로에 놓일 필요가 없다”는 것이다(Rus & Mone, 2025, pp. 294～295). 아무리 낙관론자로 자처한다 해도 이런 견해는 윤리와 심리적 딜레마에 대한 진지한 해결책의 모색으로 받아들이기는 어려워 보인다. 가정대로라면 로봇은 진정한 자율성을 지니고 있고 자신의 선택에 대해 법적, 도덕적 책임을 져야 할 행위자인데, 더구나 인간의 마음을 칩 안에 내장한 존재인데, 그런 존재가 트롤리 문제로 고뇌하지 않는다는 말인가?

참고문헌

김효은(2025). 《인공지능과 편향》, 서울: 커뮤니케이션북스.

장강명(2025). 《먼저 온 미래: AI 이후의 세계를 경험한 사람들》, 서울: 동아시아.

Brooks, R.(2025a). “Predictions Scorecard, 2025 January 01”, https://rodneybrooks.com/blog/

Brooks, R.(2025b). *Artificial Intelligence Robots: Artificial Intelligence Applications: The Future of Computing Robotics and Artificial Intelligence*, Edition 2025.

Dennett, D.(2017). *From Bacteria to Bach and Back*. 신광복 옮김(2022), 《박테리아에서 바흐까지, 그리고 다시 박테리아로》, 서울: 바다출판사.

Rus, D., & Mone, G.(2024). *The Heart and the Chip.* 강성훈 옮김(2025), 《천재 로봇공학자 다니엘라 루스의 MIT 로봇 수업》, 서울: 김영사.

Safavi, F., et al.(2024a), "Emerging Frontiers in Human-Robot Interaction", *Journal of Intelligent & Robotic Systems*, 110(45), 1~26.

Safavi, F., et al.(2024b). "New Horizons in Human-Robot Interaction: Synergy, Cognition, and Emotion", in Ramana Vinjamuri, R.(ed.), *Discovering the Frontiers of Human-Robot Interaction: Insights and Innovations in Collaboration, Communication, and Control,* Switzerland: Springer Cham, 103~134.

10
휴머노이드 AI 로봇의 이중성

최첨단 휴머노이드 인공지능 로봇의 철학적 뿌리를 추적하는 작업의 종착점은 좀 더 큰 스케일에서 신과 자연 사이의 넘지 못할 간극에 직면한 인간이 동물, 천사, 인공지능의 틈바구니에서 벌이는 치열한 서바이벌 게임이다. 로봇 공학이 필연적으로 미래학의 성격을 지닐 수밖에 없는 운명이라면 우리는 이떻게 사이비 과학이 아니면서도 가장 좋은 의미에서 철학적인 과학으로서의 로봇 공학을 정초할 수 있을까?

AI와 미래 의사?

사이비 과학과 철학적 과학 사이

한정규는 “왜 의식은 그토록 오랫동안 금기였을까?”를 묻고, “인공지능 연구에 대한 높은 기대가 실망으로 변했던 점”, “골상학(Phrenology)과 내성법(introspection)에 대한 깊은 의심”을 꼽은 다음 “무엇보다도 의식 연구가 금기시된 가장 큰 이유는 ‘내성법’ 때문”이라고 단언한다(한정규, 2025, pp. 2~4). 그에 따르면, 1970년대와 1990년대 두 차례의 연구비 삭감과 프로젝트 중단 사태가 있었고, 당시의 암울함은 “인공지능 겨울(AI Winter)”이라는 표현에서 잘 드러난다. 그러나 닐스 닐슨(Nils J. Nilsson)이 현존하는 가장 상세한 인공지능 연구사에서 1975~1985년 시기를 “호황기”라 부르고, “인공지능 겨울”로는 1980년대 중후반을 가리키는 것으로 보아 향후 좀 더 정밀한 연구가 필요하다고 여겨진다. 더구나 복합적인 원인들이 뒤얽혀 있는 까닭에 왜 큰 기대가 실망으로 바뀌었는지, 왜 골상학과 내성법은 깊은 의심을 받았는지를 규명하는 일이 쉬워 보이지는 않는다. 오늘날에 와서는 인공 신경망(Artificial Neural Network) 없는 인공지능 연구를 상상할 수조차 없고, 인지신경과학 연구에서 빼놓을 수 없는 자기공명영상(functional MRI)을 활용한 연구는 “새로운 골상학”이라고 불린다고 하므로 사정은 더욱 심각해 보인다(같은 책, p.4).

과학과 비과학을 가르는, 소위 구획(demarcation) 문제는 카를 포퍼를 통해 널리 논의되었지만, 토머스 쿤 이래 과학철학의 전개에서 과학사와 과학사회학적 연구의 성과들이 과학의 실제 활동과 내용에서 과학과 비과학이 떼어 낼 수 없을 만큼 밀접히 얽혀 있다는 점을 압도적으로 부각시킨 까닭에 로런스 로단(Lawrence Laudan)은 구획 문제의 종언을 선언하기까지 했다(Laudan, 1983). 이 지점에서 애당초 구획의 문제가 어떤 동기로부터 비롯되었는지를 되돌아볼 필요가 있다.

과학적 형이상학인가, 형이상학적 과학인가?

찰스 샌더스 퍼스(Charles S. Peirce)의 실용주의의 격률(Pragmatic Maxim)이나 논리실증주의의 섬뜩한 구호 "형이상학 배제"가 적절한 사고의 출발점을 제공해 준다. 처음부터 끝까지 철두철미한 과학자였던 퍼스의 경우나 철학적 마음을 지닌 과학자들과 과학적 마음을 지닌 철학자들이 의기투합해서 추진했던 논리실증주의의 경우 모두 주된 동기가 과학으로부터 비과학적 요소들의 축출, 특히 쓰레기 같은 형이상학적 요소들의 축출이었으리라는 데는 의문의 여지가 없어 보인다. 그러나 퍼스는 최소한 그가 유명론과 결별하고 자연의 법칙성, 일반성, 제3성(thirdness)을 확신하게 된 이후 중요하고, 또 좋은 형이상학의 필수성 또한 깨달은 것으로 보인다. 논리실증주의의 경우에도 전가의 보도처럼 휘둘렀던 검증 가능성의 원리(Principle of Verifiability) 자체가 검증 불가능하다는 내부로부터의 비판이 뼈아팠다고 할 수 있다. 1970년대 이래로 심리철학이 부동의 제1철학으로 군림하고 있고 과학 내의 형이상학 연구가 과학철학 안에서 유망한 트렌드로 자리 잡았다는 사실을 외면하면 곤란하다(Burge, 1992). 결국 형이상학 전체를 일괄 청산하려는 시도는 완벽한 실패로 돌아갔음을 시인하고, 나쁜 형이상학, 방만한 형이상학만을 잘 선별해 과학의 왕국으로부터 축출하는 목표가 퍼스와 논리실증주의의 실험이 남긴 위대한 유산으로 여겨진다(박우석, 2002).

AI 로봇 공학의 철학

AI 로봇 공학의 철학이 21세기의 제1철학으로 등극할 가능성을 타진하려는 이 책의 야심을 이런 생각에 비춰 결산할 시점이다. 다행스럽게도 현재 활발하게 이루어지고 있는 의식에 관한 과학적 연구와 철학적 연구 모두에서 쓰레기 같고, 방만하고, 나쁜 형이상학이 발견될 가능성은 거의 없어 보인다. '의식'이라는 단어가 오랜 기간에 걸쳐 금기어가 될 만큼 연구자들 스스로 자칫 나쁜 형이상학이나 사이비 과학으로 전락할 위험에 대해 경계심을 늦추지 않은 덕분으로 여겨진다. 또한 철학사에서 AI 로봇 공학의 철학적 뿌리를 찾아보려는 노력이 일견 위험해 보이는 중세철학에서의 천사론이나 동물의 영혼에 관한 논의로 우리를 인도했지만, 당시 선배들의 논의에서도 현대인이 도저히 수용할 수 없는 미신적이거나 지나치게 신비적인 나쁜 형이상학과 조우하지도 않았다. 오히려 인간과 AI, 인간과 로봇, 인간과 AI 로봇 사이의 상호작용을 잘 이해하고 생산적이고 아름다운 공존을 꿈꿔야 할 시점이므로 천사와 비인간 동물로부터 시작해서 비교 대상으로 다양한 가능적 혼종 존재자들과 만나게 된 것은 예상치 못한 행운이라 여겨진다.

이 점을 과시해 보이기 위해서는 김재인이 튜링이 흉내 게임을 만족스럽게 해내는 기준에 관해 이야기한 바를 인용하고 논평한 내용이 도움이 된다. 우선 튜링으로부터의 인용은 다음과 같다.

> 대략 50년이 지나면, 평균적인 심문자가 5분간 질의응답하고 나서 [인간인지 기계인지] 바르게 식별할 기회가 70%를

넘지 않을 정도로 컴퓨터가 흉내 게임을 잘하도록 10^9의 능력을 갖춘 컴퓨터로 프로그래밍하는 일이 가능할 것이라고 나는 믿는다(김재인, 2017, p.30).

이에 대해 김재인은 "튜링이 믿기에 … 30% 이상 헷갈리면, 그 경우에 그 에이전트는 '생각하고' 있다고 간주해야 한다는 겁니다"라는 해석으로부터 철학적 탐구를 전개하기 시작한다(같은 곳). 이런 해석은 김재인이 오랫동안 '생각'을 생각해 봤기 때문에 가능했으리라고 믿는다(같은 책, p.102).

김재인의 탁월한 해석 덕분에 이제 나는 다음과 같은 사변의 날개를 펼친다.

1. 30% 이상 헷갈리는 에이전트는 생각하는 존재로 간주해야 한다(튜링-김재인).
2. 그 반면 그만큼(즉 30% 이상) 헷갈리지 않는 존재는 생각하는 존재로 간주할 필요는 없다(1로부터).
3. 덜 헷갈릴수록 생각하는 존재로 간주할 필요가 줄어든다(1, 2, 그리고 상식으로부터).
4. 전혀 헷갈리지 않고, 그런 의미에서 어떤 착오나 오류도 범하지 않는 존재는 생각하는 존재로 간주할 필요가 없다

(1, 2, 3으로부터).

5. 아퀴나스는 최소한 선한 천사가 어떤 착오나 오류도 범하지 않는 존재라고 생각했다(아퀴나스 천사론 논저들로부터).

6. 천사는 생각하는 존재로 간주할 필요가 없다(4로부터).

이런 사변을 인공지능과 휴머노이드 AI 로봇에 관해 이어 가는 일이 뜻깊은 일이라는 데 동의한다면, 당신은 이미 훌륭한 AI 로봇 공학의 철학자다.

참고문헌

김재인(2017). 《인공지능의 시대, 인간을 다시 묻다》, 서울: 동아시아.

박우석(2002). 《바둑철학》, 서울: 동연.

장강명(2025). 《먼저 온 미래: AI 이후의 세계를 경험한 사람들》, 서울: 동아시아.

한정규(2025). 《인공지능과 의식》, 서울: 커뮤니케이션북스.

Burge, T.(1992). "Philosophy of language and mind: 1950-1990", *The Philosophical Review*, 101(1), 3~51.

Laudan, L.(1983). "The Demise of the Demarcation Problem", In Cohen, R. S. and R. Laudan(eds.), *Physics, Philosophy and Psychoanalysis: Essays in Honour of Adolf Grunbaum*, Dordrecht: Springer Netherlands, 111~127.

Moravec, H.(1990). *Mind Children*, 박우석 옮김(2011), 《마음의

아이들》, 서울: 김영사.

Rescher, N.(1997). *Predicting the Future: An Introduction to the Theory of Forecasting*, State University of New York Press.

Rus, D., & Mone, G.(2024). *The Heart and the Chip*. 강성훈 옮김(2025), 《천재 로봇공학자 다니엘라 루스의 MIT 로봇 수업》, 서울: 김영사.

Wyatt, J. L.(2014). "The Rocky Road from Hume to Kant: Correlations and Theories in Robots and Animals". in *From Animals to Robots and Back: Reflections on Hard Problems in the Study of Cognition: A Collection in Honour of Aaron Sloman*, Springer, 133~149.

박우석

현재 한국과학기술원 디지털 인문사회과학부 명예교수다. 연세대학교 철학과를 졸업하고 뉴욕주립대학교(버펄로) 대학원에서 철학 박사 학위를 받았다. 지난 사반세기 동안 한국과학기술원에서 교수 생활을 했다. 한국논리학회 회장, 한국분석철학회 회장, 한국바둑학회 회장을 지냈다. 스프링어(Springer) 출판사의 총서 SAPERE(Studies in Applied Philosophy, Epistemology and Rational Ethics)의 자문위원이고, 국제학술지 《Al-Mukhatabat: A Trilingual Journal for Logic, Epistemology and Analytical Philosophy》의 편집위원이다. 최근 저서로 《Philosophy's Loss of Logic to Mathematics》(2018), 《Abduction in Context》(2016), 《알프레트 타르스키》(2024), 《논리학과 인공지능 바둑》(2025)이 있고, 국내외 유수 학술지에 다수의 논문을 발표했다. 최근 번역한 책으로는 《토론에서의 의무》(2025), 《아리스토텔레스의 초기 논리학》(2023), 《아리스토텔레스주의 실재론적 수학철학: 양과 구조의 과학으로서의 수학》(2022)이 있다.